LA GUERRA ESPIRITUAL QUE ENFRENTAMOS TODOS

El triunfo es posible si andamos tomados de la mano del Señor.

DÁMARIS YRION
Autora del libro *Mujer, Dios te ha llamado*

JOSUE YRION WORLD EVANGELISM & MISSIONS, INC

Primera edición 2017

© 2017 por Josue Yrion World Evangelism & Missions, Inc.
P.O. Box 768
La Mirada, CA 90637-0768
Estados Unidos de América
Fax: (562) 947-2268
Teléfono: (562) 928-8892
Correo electrónico: josueyrion@josueyrion.org
Página web: www.josueyrion.org

Edición: Nancy Pineda

Diseño de la cubierta: Alicia Mejias / bggdesigns7.com
Photos © 2017, shutterstock.com. Usadas con permiso.

Reservados todos los derechos. Ninguna porción ni parte de esta obra se puede reproducir, ni guardar en un sistema de almacenamiento de información, ni transmitir en ninguna forma por ningún medio (electrónico, mecánico, de fotocopias, grabación, etc.) sin el permiso previo de los editores.

A menos que se indique lo contrario, las citas bíblicas se tomaron de la Versión Reina-Valera © 1960 Sociedades Bíblicas en América Latina; © renovado 1988 Sociedades Bíblicas Unidas. Utilizado con permiso. Reina-Valera 1960® es una marca registrada de la American Bible Society, y puede ser usada solamente bajo licencia.

ISBN 1-933467-00-2
ISBN-13: 978-1-933467-00-9

Categoría: Vida cristiana / Crecimiento espiritual / Guerra espiritual
Category: Christian Living / Spiritual Growth / Spiritual Warfare

Impreso en EE.UU.
Printed in USA

Dedicatoria

Dedico este libro en primer lugar a mi Señor Jesucristo, quien es digno de recibir la gloria, la alabanza y el honor, porque de Él y para Él son todas las cosas. Muchas gracias, Señor, por la sabiduría y habilidad que me diste para escribir este libro. Muchas gracias por enseñarme lo que tú quisiste que supiera sobre la guerra espiritual. Muchas gracias por abrir mis ojos y dejarme ver lo que tú quisiste que yo viera. Te doy las gracias, Señor, con todo mi corazón, y te agradezco infinitamente por tus bondades, tu cuidado y tu amor.

Dedico este libro también a mi querido esposo, Josué, mi compañero de batallas, y a mis queridos hijos Kathryn y Josh, quienes desde pequeños aprendieron a estar con nosotros firmes en la lucha contra el enemigo. En ocasiones entendían lo que pasaba, en otras no, pero siempre se paraban con nosotros a orar, y así crecieron y se hicieron un hombre y una mujer de Dios. Los cuatro juntos como familia hemos peleado grandes batallas y por la fe en nuestro Dios hemos obtenido grandes victorias. Gracias, mis amores, por estar siempre conmigo y darme su apoyo.

También dedico este libro a los pastores Hugo y Graciela Vargas, hermanos y amigos nuestros a quienes amamos en el Señor y quienes me respaldaron en oración mientras yo escribía este libro, además de darme palabras de ánimo que me impulsaron a escribir y terminar. Muchas gracias, pastores, por su amistad y su apoyo.

Y por último, dedico este libro también a todos los hermanos que atraviesan momentos oscuros y que, a pesar de que enfrentan diversas tribulaciones, están firmes vistiendo la armadura de Dios y peleando la buena batalla de la fe. ¡Ánimo, mis hermanos! No desistan, en Cristo ya tenemos la victoria.

Contenido

Presentación 7
Prólogo 11
Introducción 15

Capítulo 1: Confiados en la guerra 23
Capítulo 2: El ataque al hombre fuerte 35
Capítulo 3: ¿Dónde se originó la guerra espiritual? 45
Capítulo 4: El ataque de la serpiente 61
Capítulo 5: Mentiroso y asesino 77
Capítulo 6: El choque de poderes 93
Capítulo 7: Estamos en guerra 113
Capítulo 8: Fortalezcámonos en Él 139
Capítulo 9: La realidad de la actividad demoníaca 157
Capítulo 10: La destrucción de fortalezas 181
Capítulo 11: Conozcamos quiénes somos 211
Capítulo 12: La autoridad del creyente 227
Capítulo 13: El nombre de Jesús 239

Epílogo 259
Acerca de la Autora 263

Presentación

Muchas personas tienden a restarle importancia a la guerra espiritual. Creen que pensar que el diablo tiene una guerra abierta contra nosotros es una locura. Aunque la Biblia es bien explícita al respecto, lo triste es que quizá piensen así porque no haya mucha enseñanza en las iglesias sobre este tema. Yo misma experimenté esta ignorancia al comienzo de mi vida cristiana.

En lo personal, a pesar que nací en un hogar cristiano y crecí en la iglesia, nunca escuché hablar sobre la guerra espiritual, pues crecí y me bauticé en una iglesia bautista tradicional.

Los bautistas tienen una doctrina centrada en Cristo y poseen un profundo conocimiento en la Palabra de Dios. Sin embargo, en ese tiempo no se abordaba este tema, así que no teníamos mucha luz al respecto. Después que salí de Cuba, y me radiqué en este maravilloso país, fue que comencé a aprender sobre esta realidad.

Aunque desconocía por completo la guerra que enfrentamos con el diablo, Dios sí estaba interesado en mostrarme lo que era el mundo espiritual. Entonces, poco a poco me fue enseñando lo que Él quería que supiera. Digo esto con mucha convicción, basándome en mi propia experiencia de conversión, pues no me convertí oyendo un mensaje como lo hace la mayoría de las personas. Mi conversión fue un tanto peculiar, un poco diferente a las conversiones que casi siempre vemos en muchos creyentes. En mi caso, el Señor usó una visión, y a raíz de esta visión mi vida cambió y comprendí mi necesidad espiritual.

Lo cierto es que nacer en un hogar cristiano no me hacía salva. Necesitaba tener mi propia experiencia de salvación y reconocer que era tan pecadora como cualquiera. El problema estaba en que se daba por sentado que era «cristiana» solo porque iba a la iglesia. Hasta yo lo consideraba así, pero no lo era en realidad, pues necesitaba nacer de nuevo y tener mi propio encuentro personal con Jesús.

La historia de mi conversión comenzó así: Era una tarde de verano típico del clima de Cuba, caliente, soleado y un reluciente cielo azul adornado con unas hermosas nubes blancas que parecían de algodón. Ante una tarde tan bonita, como cualquier jovencita de quince años aproveché para ir a visitar a una amiga. Regresé a casa casi al caer la tarde. Al llegar, me encontré con algo poco común: ¡ya todos habían cenado! Me resultó raro este hecho, pues en casa teníamos la costumbre de comer juntos, pero ese era el plan de Dios. Como de costumbre, mi mamá lo preparó todo y yo me senté dispuesta para comer cuando de momento, pasó lo que no esperaba... ¡tuve una visión!

En la visión, estaba sentada a la mesa con toda mi familia y me pidieron que orara por los alimentos. Cuando me disponía a hacerlo, cerré los ojos para orar. Entonces, vi el reflejo como de un gran resplandor que pasaba y me apresuré para abrir los ojos. Al abrirlos, y en un pestañear, similar a un abrir y cerrar de ojos, como dice la Biblia, el Señor vino, se llevó a toda mi familia en el Rapto y yo me quedé. Me vi sola en la mesa... y la visión desapareció.

En ese momento me di cuenta de que no era salva. Entendí el porqué cuando oía hablar del Rapto me asustaba tanto, pues no estaba preparada. También me di cuenta que era pecadora, y aunque era casi una niña y nunca había estado en el mundo, estaba perdida, necesitaba arrepentirme y recibir a Jesús como mi Señor y Salvador.

De inmediato, llamé a mi hermano mayor, Félix, quien hoy en día es mi pastor, y le conté lo que me había pasado. Él llamó a mis padres y me guiaron para hacer la oración del pecador, y oraron por mí. Esta experiencia que tuve al convertirme fue la primera de muchas que el Señor me ha permitido tener. Las visiones no son nada raro, tal como lo leemos en este pasaje:

Presentación

Y después de esto derramaré mi Espíritu sobre toda carne, y profetizarán vuestros hijos y vuestras hijas; vuestros ancianos soñarán sueños, y vuestros jóvenes verán visiones.

Joel 2:28

A través de sueños y visiones, Dios le revela a su pueblo muchas cosas que el diablo planea hacer en contra de su pueblo. Estas son estrategias que el Señor nos da para que sepamos lo que se está fraguando en el reino espiritual del maligno.

Poco a poco el Señor me fue enseñando que el reino de las tinieblas es real, que no es un juego, y que constantemente el maligno está ideando el mal para hacer caer al pueblo del Señor. Siempre está interviniendo en la vida de los creyentes para oponérseles, amedrentarlos, robarles y hacerlos sufrir.

Por eso es que en este libro he querido escribir de una forma sencilla lo que el Señor me ha enseñado sobre la guerra espiritual, a fin de que abramos los ojos a la verdad y juntos, en el Nombre de Jesús, podamos ponerle al diablo un «hasta aquí».

Prólogo

En un libro del siglo dieciséis llamado *El arte de la guerra*, escrito por Sun Tzu, un famoso estratega militar chino, hay una famosa cita donde su autor dice literalmente:

> Si conoces al enemigo y te conoces a ti mismo, no deberás temer el resultado de cien batallas. Si te conoces a ti mismo, pero no al enemigo, por cada victoria lograda también sufrirás una derrota. Si no conoces ni al enemigo ni a ti mismo, sucumbirás en todas las batallas.

En la guerra espiritual en contra del diablo y sus huestes, es importante que conozcas a tu enemigo espiritual, el diablo, como también a sus aliados, ya sean espíritus malignos o demonios, y te conozcas a ti mismo. Por eso la Biblia nos da mucha información sobre la carne, el mundo, y el diablo. ¿La razón? ¡Para que seamos vencedores! ¿Cómo podemos estar seguros de la victoria? La seguridad viene de lo que nos afirma la Palabra a ti y a mí:

> Mas a Dios gracias, el cual nos lleva siempre en triunfo en Cristo Jesús.
>
> 2 Corintios 2:14

Sin embargo, nosotros tenemos que hacer nuestra parte. De ahí que cuantos más libros cristianos leas y estudies sobre la «guerra espiritual», mejor equipado estarás en contra de las artimañas del diablo y de su ejército. En su carta a los creyentes de Corinto, Pablo declara para qué debemos prepararnos:

> Para que Satanás no gane ventaja alguna sobre nosotros; pues no ignoramos sus maquinaciones.
>
> 2 Corintios 2:11

Las «maquinaciones» son planes, tácticas, procedimientos, métodos, propósitos, designios, intentos, modos y formas que el diablo intentará usar, y usará, en contra tuya y mía. Siempre tenemos que estar un paso delante en cuanto a conocer sus trampas, aparte de saber cómo, cuándo y dónde podrá sorprendernos. ¿Cómo podemos lograr esto? ¡Al permanecer en ayuno, oración y en la Palabra!

Muchos cristianos y ministros han sucumbido ante sus ataques porque no vigilaron lo suficiente sus vidas espirituales y, por consecuencia, él los derrumbó. ¡Que el Señor lo reprenda! Aquí tienes lo que nos ordena la Palabra:

> Y no participéis en las obras infructuosas de las tinieblas, sino más bien reprendedlas.
>
> Efesios 5:11

Con la palabra «participéis», el apóstol nos insta a que no le demos lugar, ni un derecho legal, ni abramos una brecha para que el enemigo mortal de nuestra alma obtenga ventaja. Por eso se nos dice de manera categórica: «Ni deis lugar al diablo» (Efesios 4:27).

Si le damos «lugar» al enemigo, le abrimos una puerta y le damos permiso para que entre con total libertad en alguna esfera espiritual de nuestra vida. Como resultado, se apodera poco a poco de ella hasta hacerse una fortaleza en nuestra mente, corazón, sentimientos, pensamientos y emociones. Por eso las Escrituras nos advierten que velemos y oremos (lee Mateo 26:41). Además, nos invita a que nos preparemos con la armadura de Dios:

> Vestíos de toda la armadura de Dios, para que podáis estar firmes contra las asechanzas del diablo.
>
> Efesios 6:11

Las «asechanzas» son emboscadas, sorpresas, lazos y estratagemas que el diablo ha empleado, emplea y empleará en contra tuya y mía.

Prólogo

En este libro de mi querida esposa, Dámaris, llamado *La guerra espiritual que enfrentamos todos*, habla ampliamente sobre lo que es la «guerra espiritual», cómo enfrentarla, vencerla y cómo permanecer en esta victoria. Estoy seguro que la lectura de este libro te dará un entendimiento más claro y un discernimiento más profundo en cuanto a la realidad de esta guerra, donde podrás orar y ayunar por tus familiares y verlos salvos, podrás ver las enfermedades sanadas y podrás disfrutar de bendiciones espirituales increíbles al vencer las fuerzas satánicas derrotadas y decir como Pablo:

> Mas gracias sean dadas a Dios, que nos da la victoria por medio de nuestro Señor Jesucristo.
> 1 Corintios 15:57

¡Te llamaron a vencer! En realidad, ¡ya eres más que vencedor! (Romanos 8:37).

Que Dios te bendiga,

Rvdo. Josué Yrion

Introducción

Muchos hombres y mujeres de Dios han escrito libros respecto a la guerra espiritual. Sin embargo, aunque se ha escrito tanto sobre este tema, todavía hay muchas personas dentro del pueblo de Dios que no creen al cien por cien que la guerra que enfrentamos todos los creyentes con el diablo es real.

Como quizá te estés preguntando: «¿Qué es la guerra espiritual?», comenzaremos definiendo su significado. En pocas palabras, podemos decir que la guerra espiritual es un conflicto espiritual. Es un choque de poder. Es una feroz batalla que libra el reino de Dios contra el reino de las tinieblas.

Algunos son escépticos y se niegan a creer en la realidad de esta guerra. Así que argumentan en su defensa que es una locura pensar que todo lo malo que nos pasa está relacionado con el diablo. Por supuesto que entendemos que el hombre tiene libre albedrío dado por Dios, con el cual puede tomar sus propias decisiones y cometer errores que le pueden ocasionar serias consecuencias. No obstante, es válido recordar que la función del diablo es engañar al ser humano, y que la forma de hacerlo es seduciendo su voluntad para que sucumba en el engaño que le tiene preparado.

No debemos olvidar que el diablo es un ser malo y perverso. Nos odia con tanta intensidad que no es de extrañar que esté rondándonos para ver cómo puede traernos problemas cada día de nuestra existencia para hacernos pedazos. No en balde la Biblia nos dice:

> Sed sobrios, y velad; porque vuestro adversario el diablo, como león rugiente, anda alrededor buscando a quien devorar.
>
> 1 Pedro 5:8

Al oír hablar sobre la guerra espiritual, muchos se asustan y de inmediato quieren evitar hablar del asunto. En cambio, no querer hablar del tema no cambia la realidad de la guerra que nos acomete, y pasarla por alto tampoco va a cambiar las cosas. Por el contrario, las va a empeorar, pues esta guerra es real, y mientras estemos en este mundo, la tendremos que encarar.

Desde luego que no hablamos de una guerra física. La guerra de que hablamos es una guerra espiritual, pero al igual que la física, la guerra que enfrentamos puede ocasionar un gran daño si no nos preparamos como debemos para resistirla y vencerla.

La Biblia nos habla con claridad sobre la guerra espiritual. Tanto en el Antiguo como en el Nuevo Testamento encontramos de manera explícita cómo el diablo usa a las personas para traer problemas, y causar daño y destrucción tanto al pueblo como a la obra de Dios.

En el Antiguo Testamento, por ejemplo, encontramos muchas historias donde el diablo se levantaba en contra del pueblo de Dios en guerra espiritual para tratar de entorpecer o detener la obra encomendada por Dios. Un caso específico donde podemos ver los espíritus diabólicos incursionar y usar a los hombres de una manera férrea en la oposición al trabajo encargado por Dios lo encontramos en el libro de Nehemías.

Otro caso es cuando el imperio Babilónico, comandado por el rey Nabucodonosor, invadió a Judá destruyendo la ciudad de Jerusalén y sus muros. Como resultado, saquearon todos los tesoros del templo de Salomón y se llevaron cautivos a los aristócratas del pueblo. En Jerusalén solo se quedó la clase humilde, y con los muros destruidos, estos pobres judíos no podían levantarse, pues los pueblos vecinos los subyugaban entrando y robándole todo lo que pudieran cosechar.

En la cultura de estos pueblos era muy necesario tener las ciudades rodeadas de altos muros. Aparte de que su propósito era proteger la ciudad, esto daba muestras de fuerza y poder. El Nuevo Comentario Ilustrado de la Biblia expresa lo siguiente:

> La vida era difícil para la gente en Jerusalén. Esta dificultad se debía en su mayor parte al estado de los muros de Jerusalén. En el antiguo Medio Oriente, el muro de una ciudad proporcionaba seguridad a los habitantes. Las condiciones de los muros de una

Introducción

ciudad también se veían como un indicativo de la fortaleza de los dioses del pueblo. Las condiciones ruinosas del muro de Jerusalén eran un mal reflejo del nombre de Dios[1].

La ruina de Jerusalén y la destrucción de sus muros eran evidentes. Hasta los que quedaron de la cautividad sufrieron durante años los abusos a manos de sus enemigos. Ante esto, de seguro que el diablo fanfarroneaba dentro de los otros pueblos paganos de su victoria sobre los israelitas haciendo escarnio del Dios de Israel.

Nehemías, quien era copero del rey Artajerjes, se encontraba en Susa, la capital del reino persa. Aquí fue donde se enteró de la situación de la ciudad de sus antepasados, la hermosa Jerusalén, y su corazón se compungió en gran medida por la situación de su pueblo. El tiempo había pasado, los expertos dicen que alrededor de unos ciento ochenta y dos años habían transcurrido desde la cautividad babilónica, y ya el imperio Babilónico no existía, pues lo había conquistado el imperio Persa. A pesar de todo ese tiempo, la situación de Jerusalén seguía siendo caótica.

Este dolor llevó a Nehemías a entrar en ayuno y oración para pedirle a Dios perdón por los pecados cometidos por el pueblo israelita. La apertura pecaminosa del pueblo escogido, su rebelión en contra de los mandamientos de Dios, fue la llave que abrió la puerta para que el diablo pudiera destruir a Jerusalén y llevar a los judíos a la cautividad. Dios escuchó la oración de Nehemías y lo escogió para llevar a cabo la obra de reconstrucción. Sin embargo, en seguida que se dispuso a hacer la obra encomendada, el diablo se le enfrentó en oposición.

Para nadie es un secreto que el diablo estaba feliz de que Jerusalén estuviera desolada y que los judíos que quedaron estuvieran en una deplorable situación, pues esto era obra suya. Por lo tanto, no soportaba la idea de que se reconstruyera a Jerusalén. Así que como no tenía el poder ni la autoridad para detener el mandato de Dios de reconstruir Jerusalén, levantó a hombres malos e impíos para presentarle la guerra a Nehemías y al pueblo, con el fin de atemorizarlos e interrumpir la obra de reconstrucción.

Pero oyéndolo Sanbalat horonita y Tobías el siervo amonita, les disgustó en extremo que viniese alguno para procurar el bien de los hijos de Israel.

Nehemías 2:10

¿Quiénes eran estos dos hombres a los cuales les causó tanto disgusto saber que Jerusalén, la capital de Judá, se reedificaría? En el *Nuevo Comentario Ilustrado de la Biblia* encontramos lo siguiente:

> **Sanbalat** era el gobernador de Samaria. **Horonita** hace referencia a Bet-Horón, la ciudad de Sanbalat. **Tobías** probablemente era secretario y consejero confidencial de Sanbalat. **Amonita:** En la época de Nehemías, los amonitas (Gn 19.38) invadieron las tierras que Judá dejó libre. La perspectiva de una comunidad judía robusta en Jerusalén, que se fortificara nuevamente, pudo parecer amenazadora al poder amonita[2].

Estos dos hombres tenían intereses propios para no querer que se reconstruyera Jerusalén. El diablo, quien sabe aprovechar muy bien las aperturas del corazón humano, los utilizó como títeres para hacerle frente a Nehemías. El diablo hizo que Sanbalat y Tobías, junto a otros hombres perversos, levantaran una atmósfera de guerra, temor, mentiras y acusaciones para tratar de parar la obra encomendada a Nehemías.

Los hombres de Judá, liderados por Nehemías, tuvieron que enfrentar con mucha valentía y disposición esta guerra que se levantó en su contra. Con una mano reconstruían el muro y en la otra tenían la espada para enfrentar al enemigo.

Los que edificaban en el muro, los que acarreaban, y los que cargaban, con una mano trabajaban en la obra, y en la otra tenían la espada.

Nehemías 4:17

Introducción

Esto es guerra espiritual. ¿Te puedes imaginar la tensión y el cansancio de los hombres que reconstruían la ciudad y los muros? Tenían que trabajar armados porque no sabían a qué hora vendría el ataque del enemigo.

Algo importante que debemos tener presente en la guerra que libramos contra el enemigo es que él no se da por vencido con facilidad en su propósito de destrucción. Cuando el enemigo ve que no puede vencerte por una parte porque tú cerraste la puerta o levantaste un muro a tu alrededor, vendrá por otro lado para engañarte y así dominarte. Me gustaría que leyéramos una porción del libro de Nehemías para constatar lo que estamos hablando:

> Cuando oyeron Sanbalat y Tobías y Gesem el árabe, y los demás de nuestros enemigos, que yo había edificado el muro, y que no quedaba en él portillo (aunque hasta aquel tiempo no había puesto las hojas en las puertas), Sanbalat y Gesem enviaron a decirme: Ven y reunámonos en alguna de las aldeas en el campo de Ono. Mas ellos habían pensado hacerme mal. Y les envié mensajeros, diciendo: Yo hago una gran obra, y no puedo ir; porque cesaría la obra, dejándola yo para ir a vosotros. Y enviaron a mí con el mismo asunto hasta cuatro veces, y yo les respondí de la misma manera. Entonces Sanbalat envió a mí su criado para decir lo mismo por quinta vez, con una carta abierta en su mano, en la cual estaba escrito: Se ha oído entre las naciones, y Gasmu lo dice, que tú y los judíos pensáis rebelaros; y que por eso edificas tú el muro, con la mira, según estas palabras, de ser tú su rey; y que has puesto profetas que proclamen acerca de ti en Jerusalén, diciendo: ¡Hay rey en Judá! Y ahora serán oídas del rey las tales palabras; ven, por tanto, y consultemos juntos. Entonces envié yo a decirle: No hay tal cosa como dices, sino que de tu corazón tú lo inventas. Porque todos ellos nos amedrentaban, diciendo: Se debilitarán las manos de ellos en la obra, y no será terminada. Ahora, pues, oh Dios, fortalece tú mis manos.
>
> Nehemías 6:1-9

En este pasaje podemos confirmar la guerra espiritual que libró Nehemías junto a su pueblo en Jerusalén. El diablo emprendió contra este gran líder y los israelitas una batalla sin cuartel para desanimarlos, para quitarles el enfoque de la reconstrucción de Jerusalén y sus muros, usando calumnias y coacción a fin de producirles temor y de esta manera vencerlos.

Ten la seguridad que así como el diablo se le opuso a Nehemías se nos opone a nosotros día a día para asustarnos, atemorizarnos, para impedir que reconstruyamos nuestra vida espiritual, para impedir que caminemos fieles al Señor y hagamos la obra que Él nos ha encomendado. El enemigo se te opondrá de una forma tenaz contra tu familia, tus finanzas, tu salud, contra la obra que estés haciendo para el Señor.

El diablo no se presenta de manera física para hacernos guerra. ¡No! Utiliza a las personas y a las circunstancias que te rodean para combatirte y vencerte. Usará cualquier acontecimiento, cualquier suceso o persona que le sea útil para sus fines. Y no te parezca extraño, pues en el ataque puede usar familiares, hermanos en Cristo. Cualquier persona que tenga una apertura en su vida será el instrumento exacto que utilizará para su ataque.

Nehemías es un ejemplo a seguir. Este gran hombre de Dios fue un líder que supo identificar la guerra espiritual que venía en su contra y no se acobardó. Nehemías supo discernir las maniobras satánicas y no les siguió el juego. Como un hombre de Dios, un hombre de oración, le hizo frente a cada una de las trampas que el enemigo le tendía para apartarlo del propósito de Dios.

Este gran hombre de Dios pudo vencer la guerra que se levantó en su contra. La pudo vencer con sabiduría, determinación, discernimiento y oración. Cuando todos los amedrentaban para hacer cesar la obra, él hizo una pequeña pero poderosa oración:

> Ahora, pues, oh Dios, fortalece tú mis manos.
>
> Nehemías 6:9

Introducción

Es mi deseo que esta pequeña oración pueda ser nuestra también cada día de nuestra vida.

Notas

1. Earl D. Radmacher, Roland B. Allen, H. Wayne House, *Nuevo Comentario Ilustrado de la Biblia*, Grupo Nelson, Nashville, TN, 2002, p. 567.
2. *Ibidem*, p. 569.

*Aunque un ejército acampe contra mí,
No temerá mi corazón; Aunque contra mí se levante
guerra, Yo estaré confiado.*

SALMO 27:3

Capítulo 1

CONFIADOS
EN LA GUERRA

Cuando usamos la denominación de «guerra espiritual» para referirnos a la lucha que enfrentamos con el diablo, algunos están de acuerdo con esta terminología, pero otros no. Unos piensan que hablar sobre este tema es solo un fanatismo. Sin embargo, la Biblia nos enseña que la guerra espiritual forma parte de la vida cristiana. Por tanto, no es fanatismo, sino que es una realidad.

No debemos ignorar que desde la hora misma en que aceptamos a Cristo como nuestro Señor y Salvador formamos parte del Reino de Dios. Al pertenecer al Reino de Dios no solo tenemos bendiciones y vida eterna, sino que también nos enfrentamos al odio feroz de un enemigo que, a pesar que está derrotado, es peligroso debido a que es malo, astuto e implacable.

Claro está, la guerra espiritual no es algo que aprendemos de la noche a la mañana. Es un proceso lento que se va asimilando con el tiempo. A medida que vamos caminando con el Señor y vamos creciendo espiritualmente, Él nos va guiando, abriendo nuestros ojos y enseñándonos mediante experiencias propias la lucha que enfrentamos con el diablo.

DAVID Y LA GUERRA ESPIRITUAL

La guerra en contra del diablo la podemos ver en la vida del rey David. Aunque no identificaba la lucha que enfrentaba como guerra espiritual, la Biblia nos muestra en detalles que detrás de los enemigos humanos que persiguieron al rey había enemigos espirituales que deseaban destruirlo, pues de la raíz de David vendría el Mesías. Leyendo sus salmos podemos percibir que su conocimiento sobre este tema fue gradual. El salmista, al igual que nosotros hoy, fue conociendo de manera progresiva la lucha que enfrentamos día a día contra el enemigo, y podemos ver con claridad que este conocimiento se va desarrollando a medida que leemos sus escritos. En el Salmo 10, David expone de una manera clara el acecho y ataque del enemigo contra el justo.

> Se sienta en acecho cerca de las aldeas; en escondrijos mata al inocente. Sus ojos están acechando al desvalido; acecha en oculto, como el león desde su cueva; acecha para arrebatar al pobre; arrebata al pobre trayéndolo a su red. Se encoge, se agacha, y caen en sus fuertes garras muchos desdichados.
>
> Salmo 10:8-10

Con esta descripción, David le mostraba al mundo un retrato hablado del diablo y sus secuaces. Mostraba un documental del maligno reino espiritual en acción, usando a los hombres malos o impíos para hacer sus fechorías. Así es con exactitud cómo actúan el diablo y los demonios. Tengamos presente que Jesús nos dijo: «El ladrón no viene sino para hurtar y matar y destruir» (Juan 10:10). Un ladrón acecha en lo oculto y vigila a su víctima para saber el momento de atacar o dar el golpe. Esto fue justo lo que describió David en el Salmo 10.

El diablo es el ladrón, pero ten la seguridad que no puede robarte nada si no se lo permites. No puede robar ni tocar a un creyente en plena comunión con Dios, a menos que vea una apertura, una falla en su carácter o su fe. Cuando ve una apertura en la vida de un creyente, lo considera una invitación, como si el creyente le estuviera otorgando un derecho legal para asaltarlo, robarle y destruirle.

En ese preciso momento de la debilidad humana es cuando el enemigo se aprovecha para llevar adelante sus malévolos planes. Te acusará delante de Dios, entrará por la apertura que encontró y en seguida te traerá sentimiento de soledad, tristeza, dudas y temor. Te hará sentir que Dios te abandonó, que no se preocupa por ti, que estás solo a merced de tu situación. Si lees con atención este salmo, te darás cuenta que aunque David tenía una gran revelación de cómo actuaba el enemigo, se sentía solo.

En el mismo encabezamiento expresa su sentir, habla de su dolor, y comienza lamentándose de la lejanía de Dios en los momentos de adversidad. Movido por su sufrimiento, se queja del abandono de Dios en los instantes de su quebranto y le pregunta con un doloroso clamor por qué se esconde y no le responde.

> ¿Por qué estás lejos, oh Jehová, y te escondes en el tiempo de la tribulación?
>
> Salmo 10:1

Este es el mismo cuadro en que nos vemos retratados todos nosotros cuando no entendemos lo que está pasando. Entonces, movidos por el sufrimiento y el dolor que nos causa la situación en que nos encontramos, alzamos nuestra oración a Dios con un lamento.

SEÑALES QUE MUESTRAN EL ATAQUE DEL ENEMIGO

Una de las señales que nos muestra que estamos bajo el ataque del diablo es el de sentirnos solos al pensar que Dios no se interesa por lo que nos pasa. Este pensamiento contrario produce un quebranto en nuestro ánimo, y una queja abierta sale desde nuestra alma en contra de Dios.

El estremecimiento que nos causa la soledad ante la adversidad es muy humano. Jesús mismo la padeció en la cruz cuando dijo: «Dios mío, Dios mío, ¿por qué me has desamparado?» (Mateo 27:46). Este momento de soledad en la cruz fue el padecimiento más profundo del Maestro cuando se vio solo y separado del Padre. Las ocasiones en las que nos sentimos solos es cuando más necesitamos percibir la presencia de nuestro Señor, escuchar su voz, recibir respuestas a nuestras preguntas. En esos momentos, el enemigo se aprovecha para señalarnos con astucia las circunstancias que nos rodean, recalcando con ello la aparente ausencia de nuestro Dios y trayendo a nuestra mente confusión.

En este Salmo 10 también vemos que David expresa su enojo al mirar la conducta de los incrédulos, y muestra su frustración al ver que Dios se queda tranquilo frente a estos hechos y no hace nada. El *Nuevo Comentario Ilustrado de la Biblia* lo explica así:

> **10.3, 4 No hay Dios en ninguno de sus pensamientos:** Para el salmista, esta es la parte más difícil de su circunstancia (14.1). Sin ningún pensamiento para Dios, sus enemigos impíos se pueden jactar de sí mismos. Tergiversan la realidad alabando el mal y rechazando a Dios»[1].

¿No puedes verte reflejado en ese mismo espejo? ¿Cuántas veces nosotros al estar bajo el ataque satánico miramos a quienes se dicen cristianos viviendo vidas no cristianas y prosperando sin que nada les vaya mal?

Otra de las señales que nos muestra que estamos bajo el ataque del maligno es cuando miramos el comportamiento de los impíos y su prosperidad, y lo comparamos con nosotros. Cuando vemos que por más que oramos y somos fieles al Señor, no hay cambio alguno en nuestra situación. Cuando vemos a otros que sin vivir de acuerdo a la Palabra ni pensar siquiera en Dios prosperan y tienen éxito aparente en todo lo que emprenden, nos entristecemos y preguntamos: «¿Por qué, Señor, ellos prosperan y a mí tú no me respondes?».

Confiados en la guerra

Es muy común en nuestra humanidad que nos quedemos indignados cuando en nuestro apresuramiento por recibir lo que anhelamos, tropecemos con la imposibilidad que se levanta ante nuestros ojos como una gran pared haciendo eterna la demora de lo que hemos pedido. Así que la desesperación por ver realizado nuestros sueños nos hace tambalear. En ese vacilar vemos prosperar a quienes viven vidas opuestas por completo al mandamiento de nuestro Señor, mientras que nosotros solo esperamos sin señal alguna de que lluvias de bendición se acerquen para refrescar y alegrar nuestras vidas.

Esta estratagema del diablo de que pongamos los ojos en la prosperidad de los impíos es con el vil propósito de que hablemos mal contra Dios y hacernos pecar con nuestras palabras. Esta estrategia la usaba el diablo con David, pues en este salmo deja ver en claro su enojo al mirar los hechos de los impíos. Hay cosas que no entendemos, pero al diablo le encanta que pongamos nuestros ojos en ellas para traernos confusión. Cuando hablamos de lo que no entendemos y cuestionamos el proceder de Dios, casi siempre terminamos culpándolo a Él por ser injusto.

Por este salmo, notamos que David atravesaba un momento de confusión, y el diablo le hacía ver lo que él no comprendía. Si le damos oído al enemigo, nos llevará a atascarnos en sendas cenagosas donde languideceremos de angustia al contemplar lo que nos parece injusto al razonarlo con nuestro limitado entendimiento. El *Nuevo Comentario Ilustrado de La Biblia* lo dice así:

> Mientras el salmista observa los actos del malo, se enoja ante la maldad y pregunta cómo Dios puede permanecer apático e inactivo. Pero aún con sus dudas, continúa orando al único Dios que lo puede liberar de sus problemas[2].

Es de sabio recapacitar, y es obvio que David recapacitó. No se quedó estancado en este nivel espiritual contemplando lo que no comprendía. David no dejó que aquel enojo que le causaba ver la prosperidad de los malos y la aparente pasividad de Dios lo separara de su comunión. Muy por el contrario, siguió creciendo en fe, confianza e intimidad con Dios.

El caminar con Dios es lo que nos va dando madurez espiritual, nos va dando confianza en Él para poder esperar con paciencia la respuesta que aguardamos. Teniendo intimidad con Dios alcanzamos sabiduría para entender que la demora se debe a intrusos demoníacos que batallan contra nosotros para robarnos y destruirnos. Esa fue la experiencia de David, y por eso es que podemos citarlo como ejemplo al ver el crecimiento que obtuvo, lo cual constatamos a través de la lectura de la Biblia.

UNA POSICIÓN DIFERENTE EN CUANTO A LA GUERRA ESPIRITUAL

Siguiendo sus escritos, y hojeando las páginas de nuestra Biblia, nos trasladamos al Salmo 27 donde encontramos un cuadro con una perspectiva muy distinta de la guerra espiritual. En este salmo vemos a un David fortalecido, maduro y bien parado frente al ataque del enemigo. Aquí expone la guerra espiritual desde un ángulo un tanto diferente a como lo percibiera en el Salmo 10.

Si lees con atención el Salmo 27, encontrarás un encabezamiento distinto por completo al que escribiera David en el Salmo 10. Se advierte madurez, un amplio conocimiento de quién era Jehová y una seguridad absoluta en medio de la guerra que enfrentaba. Si haces una comparación entre estos dos salmos, puedes ver el grandioso crecimiento que David había adquirido en el conocimiento de la lucha espiritual.

En esta hermosa composición poética, el salmista escribe su sentir, demuestra su gran fe y una confianza extraordinaria en la protección de su Dios. David abre de manera magistral el salmo declarando que aunque a su alrededor haya tinieblas, peligros, ejércitos furiosos y demonios implacables que batallan para despedazarlo, él tendría refugio y victoria en Jehová. Es evidente que David expone ante el mundo su seguridad y confianza en Dios diciendo:

> Jehová es mi luz y mi salvación; ¿de quién temeré? Jehová es la fortaleza de mi vida; ¿de quién he de atemorizarme? Cuando se juntaron contra mí los malignos, mis angustiadores y mis enemigos, para comer mis carnes, ellos tropezaron y cayeron. Aunque un ejército acampe contra mí, no temerá mi corazón; aunque contra mí se levante guerra, yo estaré confiado.
>
> Salmo 27:1-3

El *Nuevo Comentario Ilustrado de la Biblia* lo describe así:

> **27.1-3 luz** indica liberación de la oscuridad, la cual es un símbolo bíblico del mal. La palabra **salvación** combinada con la palabra *luz* significa «luz de salvación» (3:8). **para comer mi carne:** David retrata a sus enemigos como bestias voraces que triturarían su carne (10.8-10; 22.12-16)[3].

Es impresionante ver el cambio del salmista que, enojado por la conducta del impío hablaba lo que no entendía, al salmista que escribe el Salmo 27. Desde el inicio del salmo percibimos su madurez. A través de la lectura del mismo, nos percatamos de inmediato del deseo inmenso que tenía el salmista de habitar en la presencia de Jehová, su Dios. Literalmente expresa este deseo diciendo:

> Una cosa he demandado a Jehová, ésta buscaré; que esté yo en la casa de Jehová todos los días de mi vida, para contemplar la hermosura de Jehová, y para inquirir en su templo.
>
> Salmo 27:4

De manera poética exclama su deseo de contemplar la hermosura de Jehová, de palpar y envolverse con la ternura incomparable de su amor. Así que su inspiración surgía de la esperanza de contemplar de cerca el inmensurable poder de Dios. Había entendido que solo bajo el amparo del Altísimo tendría completa protección del enemigo, y con mucha seguridad y convicción declara:

> Porque él me esconderá en su tabernáculo en el día del mal; me ocultará en lo reservado de su morada; sobre una roca me pondrá en alto. Luego levantará mi cabeza sobre mis enemigos que me rodean.
>
> Salmo 27:5-6

Es conmovedor ver cómo David se había apegado al Poderoso de Israel. Su íntima comunión con Dios le producía un inmenso deseo de adorar, de sacrificar alabanzas para celebrar su incomparable bondad, para celebrar por haber escuchado su oración, por haberlo cuidado y protegido frente a toda acechanza del enemigo. Con su propia voz confiesa al final del versículo 6: «Y yo sacrificaré en su tabernáculo sacrificios de júbilo; cantaré y entonaré alabanzas a Jehová».

Era tal su cercanía en su búsqueda continua de Jehová que en su oración mantenía un diálogo directo con Él. En la presencia de Dios, David podía escuchar la dulce voz del Señor diciéndole: «¡Búscame!», y él le contestaba afirmativamente mientras le imploraba que no lo dejara ni lo desamparara.

> Mi corazón ha dicho de ti: Buscad mi rostro. Tu rostro buscaré, oh Jehová; no escondas tu rostro de mí. No apartes con ira a tu siervo; mi ayuda has sido. No me dejes ni me desampares, Dios de mi salvación.
>
> Salmo 27:8-9

Aquí encontramos el secreto de la madurez y el crecimiento espiritual que alcanzó el salmista. Esta intimidad que David desarrolló con Dios fue clave para que lo conociera y pudiera desarrollar su fe,

Confiados en la guerra

confianza y seguridad de que en medio de cualquier batalla el Señor Jehová de los Ejércitos estaría a su lado para darle la victoria.

Al final del Salmo encontramos a David reflexionado, pensando en voz alta, lo que hubiera pasado de no haberse mantenido en la Roca, y lo testifica de esta manera:

> Hubiera yo desmayado, si no creyese que veré la bondad de Jehová en la tierra de los vivientes.
>
> Salmo 27:13

En otras palabras, lo que decía David era: «Hubiera yo desmayado si hubiera quitado mis ojos de Él. Hubiera yo desmayado si hubiera escuchado al maligno. Hubiera yo desmayado si no hubiera corrido bajo su protección. Hubiera yo desmayado si no hubiera creído en su amor, bondad y cuidado».

El salmista cierra su obra exponiendo su experiencia y, con una gran convicción, nos recomienda esperar en Jehová. Literalmente lo expone así:

> Aguarda a Jehová; esfuérzate, y aliéntese tu corazón; sí, espera a Jehová.
>
> Salmo 27:14

Dicho de otro modo, David nos aconseja: «No te importe cuán grande y poderoso parezca el enemigo que te rodea. ¡Espera en Jehová! No te impacientes por el tiempo que lleve verse en el mundo físico tu victoria. ¡Espera en Jehová! Mientras esperas tu victoria, esfuérzate buscándole en oración, leyendo su Palabra. Alienta tu corazón con sus promesas y ten confianza porque de seguro Él vendrá a tu encuentro y te salvará».

Tan fuerte era su convicción que en Dios está la solución para todos los problemas, que nos manda a esperar porque Dios no falla. Esperar también quiere decir tener esperanza, tal como lo dice este pasaje:

> Y no sólo esto, sino que también nos gloriamos en las tribulaciones, sabiendo que la tribulación produce paciencia; y la paciencia, prueba; y la prueba, esperanza; y la esperanza no avergüenza; porque el amor de Dios ha sido derramado en nuestros corazones por el Espíritu Santo que nos fue dado.
>
> Romanos 5:3-5

La esperanza que no avergüenza no es una esperanza pasiva, no es una esperanza que sueña algún día muy lejano alcanzar lo que ha pedido, ¡no! La esperanza de la que se habla aquí es una esperanza firme en las promesas de Dios, que cree lo que Él ha dicho. Por tanto, David nos insta a confiar, a esperar en el pronto socorro de Jehová.

David estaba bien parado frente al enemigo en este momento de su vida. Su conocimiento en la lucha espiritual había crecido de manera admirable, y él expresa con vehemencia que no les temía a los enemigos por fuertes y peligrosos que fueran al saber que la presencia de Dios en su vida era mucho mayor.

Vale recordar que la fortaleza que David tenía en el Salmo 27 procedía del conocimiento que había adquirido de su Dios. Nadie puede estar tan confiado en una guerra sin tener el conocimiento de que alguien mayor en fuerza, tamaño y poder está con uno para ayudarnos. Solo una persona madura en su relación con Dios, una persona llena de fe y confianza en lo que dice la Palabra de Dios, puede mantenerse tranquila y confiada en medio de la guerra espiritual como David la describe en el Salmo 27.

Esta madurez espiritual que había adquirido el salmista David la podemos ver también en el Salmo 37, cuando en contraste con el Salmo 10, nos exhorta a no mirar la prosperidad de los impíos: «No te impacientes a causa de los malignos, ni tengas envidia de los que hacen iniquidad. Porque como hierba serán pronto cortados, y como la hierba verde se secarán» (Salmo 37:1-2; lee el salmo completo).

La madurez espiritual se adquiere en la intimidad con Dios. Cuando lo buscas en oración, cuando estudias y meditas en su Palabra, caminas hacia la madurez espiritual. El profeta Isaías nos dice en su libro:

> Tú guardarás en completa paz a aquel cuyo pensamiento en ti persevera; porque en ti ha confiado.
>
> Isaías 26:3

Cuando tu pensamiento está en Él, vas a tener paz. No importa las circunstancia ni la guerra que estés librando, la paz de Dios en tu corazón te fortalecerá, te mantendrá lejos del temor y estarás confiado. Esto fue lo que aprendió David, y por eso pudo decir: «Aunque un ejército acampe contra mí, no temerá mi corazón; aunque contra mí se levante guerra, yo estaré confiado».

NOTAS
1. Earl D. Radmacher, Roland B. Allen, H. Wayne House, *Nuevo Comentario Ilustrado de la Biblia*, Grupo Nelson, Nashville, TN, 2002, p. 637.
2. *Ibidem*.
3. *Ibidem*, p. 648.

Porque ¿cómo puede alguno entrar en la casa del hombre fuerte, y saquear sus bienes, si primero no le ata? y entonces podrá saquear la casa.

MATEO 12:29

Capítulo 2

EL ATAQUE
AL HOMBRE FUERTE

Muchas personas no entienden el motivo de esta guerra espiritual y se preguntan: «¿Por qué si Cristo ya venció nosotros tenemos que luchar?». La victoria que Jesús obtuvo en la cruz y su maravillosa resurrección fueron la mayor derrota y humillación que el diablo ha tenido que sufrir en todos los días desde su creación.

La muerte de Jesús en la cruz fue un sacrificio horrendo y al mismo tiempo glorioso. Horrendo porque fue una muerte cruel y despiadada para alguien que era inocente. Glorioso porque con este acto nos salvó. Allí fue donde Él clavó el acta de los decretos que nos era contraria, y avergonzando a todo el reino de las tinieblas, los expuso al ridículo triunfando de manera terminante sobre ellos en la cruz (lee Colosenses 2:13-15).

En la cruz, Jesús llevó todos nuestros pecados, todas nuestras enfermedades, todas las maldiciones que venían por causa de la ley. Además, descendió «a las partes más bajas de la tierra» (Efesios 4:9), y le quitó al diablo las llaves del infierno y de la muerte, para resucitar después como prueba fehaciente de su triunfo. Esta es una verdad gloriosa e innegable, pero no debemos olvidar que antes de ascender a los cielos, nos mandó que lleváramos a cabo la obra restante de evangelización. En el Evangelio de Mateo leemos lo siguiente:

> Jesús se acercó y les habló diciendo: Toda potestad me es dada en el cielo y en la tierra. Por tanto, id, y haced discípulos a todas las naciones, bautizándolos en el nombre del Padre, y del Hijo, y del Espíritu Santo; enseñándoles que guarden todas las cosas que os he mandado; y he aquí yo estoy con vosotros todos los días, hasta el fin del mundo. Amén.
>
> Mateo 28:18-20

En este pasaje tenemos la respuesta a la pregunta que muchos se hacen: «¿Por qué si Cristo ya venció nosotros tenemos que luchar?». Es muy simple: Jesús murió para salvar a todos los que crean en Él, pero nos toca a nosotros llevar el mensaje de la cruz. Nuestra responsabilidad es publicar las buenas nuevas de salvación y proclamarle al mundo lo que Él hizo. Jesús le dio a la iglesia la orden de evangelizar y hacer misiones. Él nos encomendó a nosotros la tarea de llevar a cabo la Gran Comisión. Así que nos toca a nosotros libertar las almas esclavizadas por el diablo, y por eso somos los que tenemos que pelear.

LA AUTORIDAD QUE TENEMOS EN JESÚS

Debemos ser conscientes que aunque Jesús derrotó, juzgó y condenó al diablo, este sigue reinando todavía en este mundo. Si lo recuerdas, Adán, el primer hombre, cometió alta traición y le entregó el gobierno de este mundo al diablo. Por consiguiente, el diablo es quien rige el mundo. El apóstol Pablo nos dice en 2 Corintios 4:4 que «el dios de este siglo» es Satanás, quien tiene al mundo como su cuartel general, como su centro de operaciones.

El ataque al hombre fuerte

Con todas estas verdades expuestas puedes ver que no podemos ir y predicar el evangelio al perdido sin tener enfrentamientos con el maligno. Es más, no podemos entrar en su casa sin antes enfrascarnos en una guerra en su contra. Aquí en este mundo gobernado por el diablo y sus demonios es que nosotros entramos en guerra espiritual. Si vamos al Evangelio de Mateo, descubrimos que Jesús enseñó sobre la guerra espiritual que necesitamos librar para hacer su obra:

> Porque ¿cómo puede alguno entrar en la casa del hombre fuerte, y saquear sus bienes, si primero no le ata? Y entonces podrá saquear su casa.
>
> Mateo 12:29

En este versículo, Jesús nos enseña la lección número uno de la guerra espiritual: Puesto que la Biblia nos dice que el mundo en que vivimos es el cuartel general de nuestro enemigo, está claro que para hacer la obra de Dios tenemos que atar al hombre fuerte que gobierna al mundo. Por eso es que al realizar la tarea de atarle, vamos a tener batallas, pues ningún enemigo en la guerra se deja atar con facilidad. Hay que vencerle para atarlo y esto requiere luchas. El *Nuevo Cometario Ilustrado de la Biblia* analiza lo siguiente:

3.27 Quien quiera derrotar a Satanás debe ser más fuerte que él. Jesús da a entender que Él mismo ha venido a entrar en la casa del **hombre fuerte**, Satanás, para deshacer sus obras[1].

En efecto, la Biblia nos enseña que «para esto apareció el Hijo de Dios, para deshacer las obras del diablo» (1 Juan 3:8). Por eso no debemos olvidar nunca esta maravillosa verdad: Jesús vino para deshacer las obras del diablo, y así lo hizo, triunfando maravillosamente sobre él en la cruz. Además, con su victoria, nos comisionó a nosotros para hacer la obra restante. Él nos dio su autoridad, nos impartió de su poder, a fin de que pudiéramos en su Nombre atar al hombre fuerte y vencerlo.

LA CONQUISTA QUE DEBEMOS EMPRENDER

Debemos ser conscientes que hay alguien más poderoso que el diablo que mora en nosotros, y este es nuestro Señor Jesucristo, quien por medio del Espíritu Santo vive en nosotros. Así que por Él, y por la victoria que obtuvo en la cruz, ya nosotros somos vencedores. La Biblia nos dice:

> Hijitos, vosotros sois de Dios, y los habéis vencido; porque mayor es el que está en vosotros, que el que está en el mundo.
>
> 1 Juan 4:4

Así que somos vencedores, tenemos garantizada la victoria. No obstante, hay que pelear en la guerra que enfrentamos con un enemigo que quiere robarnos todo lo que ya se nos ha dado. Para ilustrar un poco más el punto de por qué enfrentamos la guerra, quisiera que nos trasladáramos al Antiguo Testamento cuando Dios le habló a Moisés y le dijo que Él llevaría al pueblo a una tierra donde fluía leche y miel:

> Y dijo: Yo soy el Dios de tu padre, Dios de Abraham, Dios de Isaac, y Dios de Jacob. Entonces Moisés cubrió su rostro, porque tuvo miedo de mirar a Dios. Dijo luego Jehová: Bien he visto la aflicción de mi pueblo que está en Egipto, y he oído su clamor a causa de sus exactores; pues he conocido sus angustias, y he descendido para librarlos de mano de los egipcios, y sacarlos de aquella tierra a una tierra buena y ancha, a tierra que fluye leche y miel, a los lugares del cananeo, del heteo, del amorreo, del ferezeo, del heveo y del jebuseo.
>
> Éxodo 3:6-8

Como podemos ver, Dios escogió a Moisés y lo comisionó para liberar al pueblo de Israel de la esclavitud en que vivía en Egipto. Además, prometió llevarlo a una tierra buena, fértil, donde fluía leche y miel. Ahora fíjate bien, después que Dios liberó a los israelitas de la esclavitud, y una vez que estaban a las puertas de la Tierra Prometida, no pudieron entrar de inmediato y establecerse como dueños. Por el contrario, tuvieron que librar una guerra. Aun cuando tenían la promesa de que era suya la tierra en la que fluía leche y miel, el pueblo escogido por Dios tuvo que entrar y luchar para echar fuera a los moradores que vivían en la tierra para poder poseerla.

Si te das cuenta, los israelitas ya tenían garantizada su herencia, su victoria. Dios les había dado la tierra por heredad, pero había un problema. La tierra estaba ocupada y tenían que pelear para sacar a los intrusos que se oponían a que tomaran posesión de su herencia.

Del mismo modo que Dios comisionó a Moisés para sacar de la esclavitud al pueblo de Israel, Dios envió a Jesús para venir a la tierra y redimirnos de la esclavitud en que vivíamos. Jesús hizo su trabajo. Él murió en la cruz, venció al diablo y ascendió a los cielos, y ahora está sentado a la diestra del Padre. Sin embargo, no debemos olvidar que antes de todo esto Él nos enseñó que para poder llevar a cabo el plan de Dios, o para vivir en abundancia, tendríamos que entrar en pelea con el hombre fuerte que gobierna el mundo. Por tanto, nosotros somos los que tenemos que luchar para echar fuera a los intrusos que nos ponen obstáculos para que no hagamos la obra de Dios. ¡Esto es guerra espiritual!

La Biblia nos enseña con claridad que tendremos luchas para llevar a cabo la obra que nos encomendó Jesús, pues el dios de este mundo se nos opondrá. El enemigo no quiere que los pueblos escuchen el evangelio, las buenas nuevas de Salvación. Quiere que todos los hombres perezcan con él. Somos nosotros los que en el Nombre de Jesús tenemos que atar al hombre fuerte para conquistar el mundo para el Señor Jesucristo.

Aun así, no debemos ignorar que el diablo siempre se opone a todo lo que es la voluntad de Dios. No solo se opone a la evangelización del mundo, sino que también se opone a tu salvación, a la salvación de tu familia, a tu prosperidad, a tu salud. Asimismo, el diablo se opone con furia a nuestra devoción diaria con Dios, al estudio de la Palabra y a que crezcamos en el conocimiento de Él. Ten presente que el diablo es enemigo de Dios y por esta causa se opone a todo lo que sea su voluntad. El diablo es un ladrón y siempre querrá robarnos toda bendición que Dios quiera darnos.

LA LUCHA QUE TENEMOS POR DELANTE

Cristo nos redimió, nos liberó del poder del maligno, y nos prometió tener en Él una vida abundante llena de paz, salud y prosperidad. No obstante, debemos tener en cuenta que vivimos en un mundo gobernado por Satanás, y aunque Jesús lo venció en la cruz, él sigue gobernando este mundo. Por tanto, nosotros somos los que debemos pelear en contra de las huestes malignas.

Jesús, en Juan 10:10, nos dijo que el ladrón, o sea, el diablo, vino para matar, robar y destruir, pero que Él vino para darnos vida abundante. La *Biblia del diario vivir* describe así este versículo del Evangelio de Juan:

> **10.10** En contraste con el ladrón que viene para arrebatar la vida, Jesús da vida. La vida que Él da ahora es abundantemente más rica y plena. Es eterna y, sin embargo, comienza de inmediato. La vida en Cristo se disfruta en un plano más elevado debido a su sobreabundante perdón, amor y dirección[2].

Podemos decir que la vida abundante es tener una excelente calidad de vida. Es tener una linda comunión con Dios. Es estar libres de pecados y enfermedades. Es tener prosperidad financiera. Es tener abundancia y bendición en todo lo que emprendamos. También me gusta mucho la definición que nos da el *Nuevo Comentario Ilustrado de la Biblia* sobre este versículo en referencia a la vida abundante:

10.10 en abundancia: Los ladrones se llevan la vida; el pastor la da. Vida en abundancia incluye salvación, alimentación, curación (v. 9), y mucho más. **vida** aquí alude a la vida eterna, la vida de Dios. No sólo habla de algo interminable, sino de calidad de vida. Con Cristo, la vida en la tierra puede alcanzar una calidad mucho más alta, y después en el cielo será completa y perfecta[3].

En este versículo vemos plenamente la voluntad de Dios para nosotros. Jesús fue claro al decir que Él vino para darnos vida abundante. De modo que su deseo era que tuviéramos una vida llena de prosperidad y bendiciones tanto espirituales, físicas, como materiales.

Del mismo modo, si prestamos mucha atención, nos percatamos que en este versículo de Juan 10:10 también vemos que, contrario al deseo de Jesús, hay un ladrón que desea robarnos, matarnos y destruirnos. Así que cabe preguntar: «¿Vamos a dejar que lleve a cabo su obra terrible?». De ninguna manera, pues nadie quiere que entren a su casa y le roben todo lo que adquirió con tanto esfuerzo y con el sudor de su frente.

En efecto, hoy en día las personas se preparan instalando sistemas de alarmas con cámaras que pueden manipular desde sus teléfonos celulares, a fin de proteger de alguna forma sus propiedades de los ladrones. Entonces, si nos oponemos abiertamente contra los ladrones terrenales, ¿cuánto más nos tenemos que oponer a un ladrón espiritual que Jesús describe como asesino y mentiroso?

LEVÁNTATE Y PELEA

Jesús no solo habló de atar al hombre fuerte para llevar a cabo la Gran Comisión. ¡No! Jesús dijo que debíamos atarlo para entrar en su casa y saquear sus bienes. En esa casa, o el mundo en que vivimos, es donde el diablo retiene de manera ilegítima las bendiciones que ya Dios nos otorgó. Allí es donde el maligno retiene el aumento de salario que estás pidiendo. Allí es donde retiene tu salud. Allí es donde retiene la victoria de tus problemas. Allí es donde retiene la salvación de tus familiares. Allí es donde roba el crecimiento de tu iglesia y ministerio. Allí es donde quiere confundirte con doctrinas equivocadas para alejarte de la verdad de Dios. En el mundo, el hombre fuerte lleva a cabo su obra de destrucción. El mundo es su casa, su centro de operaciones. Desde allí es que se va a oponer a que nosotros vivamos una vida abundante. Desde allí nos roba con sus mentiras todas las ricas y abundantes bendiciones que ya vimos que es la voluntad del Padre darnos.

Por tanto, levántate en guerra y ata al hombre fuerte que está actuando por detrás de las circunstancias adversas de tu vida que te hacen sufrir, las circunstancias que te están robando para que no tengas una vida abundante. Así como el pueblo de Israel se levantó y luchó para entrar a poseer la Tierra Prometida, nosotros tenemos que luchar para no permitirle al diablo que nos robe nada de lo que nuestro buen Dios ya nos prometió y concedió en su santa voluntad. Por tanto, ponle acción a tu oración:

- Levántate en guerra contra el ladrón que quiere robarte tu comunión con Dios.
- Levántate en guerra contra el ladrón que quiere robarte tu paz.
- Levántate en guerra contra el ladrón que quiere quitarte tu salud.
- Levántate en guerra contra el ladrón que quiere destruir tu matrimonio, tus hijos, tu familia.
- Levántate en guerra contra el ladrón que quiere destruir tu iglesia robándote las ovejas.
- Levántate en guerra contra el ladrón que quiere dejarte sin descendencia.
- Levántate en guerra contra el ladrón que te quiere robar tus finanzas.
- ¡Repréndelo! Y en el Nombre de Jesús, ordénale que saque sus manos sucias de todo lo que te pertenece.

El ataque al hombre fuerte

Contra este ladrón, y vale reiterar que Jesús lo calificó de asesino y mentiroso, es que tenemos guerra. Así que no es hora de esconderse, sino de luchar. Es hora de que en el Nombre de Jesús atemos al hombre fuerte que se opone a que avancemos en nuestra vida cristiana. No hay por qué temer al enfrentarnos con este enemigo por temible que sea, ni por poderoso que quiera presentarse ante nuestros ojos. Debemos recordar siempre que Jesús ya venció a este enemigo.

Con la victoria que Jesús obtuvo en la cruz, y por el poder inigualable de su Resurrección, entremos en esta guerra con la seguridad de que el triunfo es nuestro. La Biblia nos dice de manera contundente: «Hijitos, vosotros sois de Dios, y los habéis vencido; porque mayor es el que está en vosotros, que el que está en el mundo» (1 Juan 4:4). ¡Aleluya!

NOTAS

1. Earl D. Radmacher, Roland B. Allen, H. Wayne House, *Nuevo Comentario Ilustrado de la Biblia*, según nota de Marcos 3:27, Grupo Nelson, 2002, p. 1184.
2. *Biblia del Diario Vivir*, según nota de Juan 10:10, Editorial Caribe, Nashville, TN, 1997, p. 1439.
3. *Nuevo Comentario Ilustrado de La Biblia*, según nota de Juan 10:10, p. 1308.

*¡Cómo caíste del cielo, oh Lucero, hijo de la mañana!
Cortado fuiste por tierra, tú que
debilitabas a las naciones.
Tú que decías en tu corazón: Subiré al cielo;
en lo alto, junto a las estrellas de Dios, levantaré mi
trono, y en el monte del testimonio me sentaré,
a los lados del norte; sobre las alturas de las
nubes subiré, y seré semejante al Altísimo.*

ISAÍAS 14:12-14

Capítulo 3

¿DÓNDE SE ORIGINÓ LA **GUERRA** ESPIRITUAL?

La pregunta que todos se hacen es: «¿Dónde se originó la guerra espiritual?». La realidad es que no se tiene una gran información acerca de cómo fue que sucedió este evento. La Biblia no da muchos detalles al respecto. Sin embargo, trataré de explicar el suceso de una manera sencilla de acuerdo a algunos pasajes del Antiguo y del Nuevo Testamento.

La guerra espiritual, como su nombre mismo lo indica, es una guerra con ejércitos y armamentos. El concepto de guerra es muy claro para todos nosotros, pues en nuestros días oímos hablar «de guerras y rumores de guerras». En las noticias constantemente vemos que existen conflictos entre países, reinos, partidos políticos y grupos religiosos. Todos viven en discrepancias. Como resultado, estos desacuerdos entre unos y otros han escalado a niveles mayores, los cuales revelan la oposición abierta de estos grupos contra el gobierno, reino o sistema, declarándose así la guerra entre ambos bandos. Por tanto, entendemos que para que haya guerra tienen que existir problemas. Tienen que haber dos grupos involucrados en un conflicto. Tienen que existir desavenencias entre dos facciones.

EL REINO DE DIOS CONTRA EL REINO DE LAS TINIEBLAS

En el mundo espiritual sucede justo lo mismo: hay guerra entre dos bandos, pues hay dos reinos en conflicto: el reino de Dios y el reino de las tinieblas. Buscando la respuesta a la pregunta sobre el origen de la guerra espiritual, empezaremos por el Antiguo Testamento y nos basaremos en los pasajes de Isaías 14:12-14 y Ezequiel 28:11-19.

En estos pasajes de las Escrituras podemos ver que se habla de dos reyes diferentes. En Isaías 14 se habla del rey de Babilonia, y en Ezequiel 28 del rey de Tiro. Aunque estos pasajes no aluden de forma directa al diablo, las actitudes y aspiraciones de estos dos hombres las podemos relacionar e identificar con la conducta soberbia y altiva de Satanás, pues siendo criaturas de carne y hueso pretendían ser dioses, seres divinos, dignos de adoración.

En el Antiguo Testamento podemos tener una visión clara de cómo empezó este conflicto. Leyendo Ezequiel 28:11-19, podemos vislumbrar los hechos que llevaron al comienzo de esta guerra espiritual. Si bien existen discrepancias entre los eruditos en la Biblia, ya que unos están a favor de que este pasaje revela lo que aconteció en los cielos, otros no creen que en realidad exista suficiente evidencia para afirmar que sucedió así. A pesar de eso, soy una de las que se inclinan a pensar que fue así.

> Vino a mí palabra de Jehová, diciendo: Hijo de hombre, levanta endechas sobre el rey de Tiro, y dile: Así ha dicho Jehová el Señor: Tú eras el sello de la perfección, lleno de sabiduría, y acabado de hermosura. En Edén, en el huerto de Dios estuviste; de toda piedra preciosa era tu vestidura; de cornerina, topacio, jaspe, crisólito, berilo y ónice; de zafiro, carbunclo, esmeralda y oro; los primores de tus tamboriles y flautas estuvieron preparados para ti en el día de tu creación. Tú, querubín grande, protector, yo te puse en el santo monte de Dios, allí estuviste; en medio de las piedras de fuego te paseabas. Perfecto eras en

¿Dónde se originó la guerra espiritual?

todos tus caminos desde el día que fuiste creado, hasta que se halló en ti maldad. A causa de la multitud de tus contrataciones fuiste lleno de iniquidad, y pecaste; por lo que yo te eché del monte de Dios, y te arrojé de entre las piedras del fuego, oh querubín protector. Se enalteció tu corazón a causa de tu hermosura, corrompiste tu sabiduría a causa de tu esplendor; yo te arrojaré por tierra; delante de los reyes te pondré para que miren en ti. Con la multitud de tus maldades y con la iniquidad de tus contrataciones profanaste tu santuario; yo, pues, saqué fuego de en medio de ti, el cual te consumió, y te puse en ceniza sobre la tierra a los ojos de todos los que te miran. Todos los que te conocieron de entre los pueblos se maravillarán sobre ti; espanto serás, y para siempre dejarás de ser.

Ezequiel 28:11-19

Todos estamos de acuerdo en que el profeta Ezequiel está hablando del rey de Tiro, así que no hay discusión al respecto. Sin embargo, examinando bien estos versículos podemos descifrar que quien estaba por detrás de todas estas actitudes del rey era alguien que ya había estrenado y practicado con anterioridad este comportamiento.

El relato bíblico nos dice que el rey de Tiro actuaba de una manera altanera, prepotente, orgullosa y maléfica. Ahora bien, para aclarar mejor esta afirmación, es preciso mencionar que Tiro era un importante puerto en las costas del Mediterráneo perteneciente a los fenicios, lo que es el Líbano hoy. Al parecer, el rey de Tiro comenzó a reinar con ecuanimidad y recto proceder, pero al verse en tan alta posición, con poder, y al ir acumulando grandes éxitos y riquezas, su corazón comenzó a descarrilarse del buen camino.

Si lo analizamos bien, nos damos cuenta de que el punto que el profeta Ezequiel expone aquí es la insolencia de un hombre que con un desmesurado orgullo perdió la noción de la realidad y comenzó a mirarse a sí mismo como una divinidad. Por eso el profeta describe en detalles el loco intento del rey de habitar junto a los dioses. Entre estos se encontraba Melgar, que es el nombre del dios que adoraban los fenicios en ese entonces. Según sus creencias, los dioses habitaban en los montes altos. Así que este rey quería hacer su casa en los lugares altos junto a la casa de su dios. Quería subir como un dios y estar en las alturas. El comentarista Matthew Henry describe así al rey de Tiro:

> **Vv. 1—19.** Etbaal o Itobal era el príncipe o rey de Tiro; y habiéndose enaltecido con orgullo excesivo, reclamó honores divinos[1].

Podemos ver que, en realidad, hay una semejanza en la actitud de este rey con la actitud soberbia y arrogante de Satanás. Esta similitud nos hace pensar que, con su altivez, el rey de Tiro tipificaba la actitud arrogante y petulante de Satanás. No obstante, y como dijimos antes, hay quienes discrepan al respecto. Quizá esa también sea tu posición y tengas una opinión diferente a la que expongo aquí, pues hasta muchos comentaristas bíblicos e instruidos en las Sagradas Escrituras no están de acuerdo en que este pasaje de Ezequiel se refiera a la caída del diablo.

A pesar de esto, nosotros creemos que, por la similitud que vemos en estos pasajes, aquí no solo se habla del rey de Tiro, sino que se hace alusión directa a la rebelión que hubo en los cielos en contra de la majestad de Dios. Si eres como yo, que te inclinas a pensar que estos versículos narran los hechos de un rey orgulloso y prepotente que se creía un dios, y que a su vez tipifica la conducta maléfica del diablo, podemos comenzar a percibir cómo era la vida celestial antes de la rebelión al leer estos versículos del libro de Ezequiel:

> Tú, querubín grande, protector, yo te puse en el santo monte de Dios, allí estuviste; en medio de las piedras de fuego te paseabas. Perfecto eras en todos tus caminos desde el día que fuiste creado, hasta que se halló en ti maldad.
>
> Ezequiel 28:14-15

¿Dónde se originó la guerra espiritual?

Para mí este pasaje de las Escrituras es clarísimo. Nos permite ver la analogía que existe entre el comportamiento necio, imperioso y prepotente de un hombre, con el comportamiento maléfico de una criatura angelical, porque creo que este querubín no era otro que Satanás.

EL EJÉRCITO ANGELICAL

Como es conocido por todos, Dios es un Dios creador. Él creó todo lo que existe, incluyendo el ejército angelical en los cielos. Los seres angelicales tienen diferentes posiciones de autoridad. Por ejemplo, la Biblia menciona que hay ángeles, serafines, arcángeles y querubines.

Estudiando la Palabra nos percatamos que quizá los arcángeles sean los de más alto rango en la jerarquía angelical, pues el nombre «arcángel» significa ser el primero. También 1 Tesalonicenses 4:16 nos dice que «el Señor mismo con voz de mando, con voz de arcángel, y con trompeta de Dios, descenderá del cielo», lo cual denota que este rango tiene un nivel de autoridad en el cielo. Además de esto, en el libro de Daniel leemos:

> Mas el príncipe del reino de Persia se me opuso durante veintiún días; pero he aquí Miguel, uno de los principales príncipes, vino para ayudarme, y quedé allí con los reyes de Persia.
>
> Daniel 10:13

Si nos fijamos en este versículo, el ángel le dijo a Daniel que el arcángel Miguel es «uno de los principales príncipes» (para ver la jerarquía de Miguel como arcángel, lee Judas 9). Esto nos confirma la idea de que el rango de arcángel es alto, pues un príncipe está solo por debajo del rey. Por otra parte, también la frase «uno de los principales príncipes» sugiere que a lo mejor hubiera más seres angelicales en esta posición de «príncipes».

Asimismo, en el libro de Josué también encontramos que antes de que entrara para destruir a Jericó, el Señor se le apareció y se identificó como Príncipe del ejército de Jehová:

> Estando Josué cerca de Jericó, alzó sus ojos y vio un varón que estaba delante de él, el cual tenía una espada desenvainada en su mano. Y Josué, yendo hacia él, le dijo: ¿Eres de los nuestros, o de nuestros enemigos? Él respondió: No; mas como Príncipe del ejército de Jehová he venido ahora. Entonces Josué, postrándose sobre su rostro en tierra, le adoró; y le dijo: ¿Qué dice mi Señor a su siervo? Y el Príncipe del ejército de Jehová respondió a Josué: Quita el calzado de tus pies, porque el lugar donde estás es santo. Y Josué así lo hizo.
>
> Josué 5:13-15

Con todos estos datos en mente, y recordando también que la Biblia nos dice que el arcángel Miguel lidera el ejército de Dios, pudiéramos pensar que los arcángeles son los guerreros que componen el ejército celestial, mientras que los príncipes quizá sean los que tengan un alto rango entre los guerreros dentro del ejército militar de Dios. Aclaro que esto es solo una suposición mía al basarme en estos datos. La verdad es que en el cielo hay diferentes criaturas celestiales, pero es un misterio cómo es que funciona la jerarquía angelical. No obstante, creemos que al igual que en los ejércitos terrenales existen categorías, o niveles de autoridad que van desde el grado más alto hasta el soldado raso, el ejército celestial funciona de esta misma manera.

EL QUERUBÍN «GRANDE Y PROTECTOR»

Satanás era un querubín llamado Lucifer. Aunque creemos que los arcángeles están sobre los querubines, la Biblia nos dice que los

¿Dónde se originó la guerra espiritual?

querubines están delante del trono de Dios. En el libro de Isaías encontramos lo siguiente:

> Entonces Ezequías oró a Jehová, diciendo: Jehová de los ejércitos, Dios de Israel, que moras entre los querubines, sólo tú eres Dios de todos los reinos de la tierra; tú hiciste los cielos y la tierra.
>
> Isaías 37:15-16

También en Éxodo 25:20-22, cuando Dios mandó a hacer el arca del pacto, ordenó que le pusieran dos querubines a cada lado, y siempre que Él hablaba su voz salía por en medio de los querubines. Quizá la representación de estos querubines en el arca fuera un tipo de esos seres que están delante del trono de Dios. Tomando estos pasajes como referencias, entendemos el porqué Ezequiel dice que Lucifer estaba en un lugar privilegiado:

> Tú, querubín grande, protector, yo te puse en el santo monte de Dios.
>
> Ezequiel 28:14

Algunos comentarios de la Biblia dicen que Lucifer tenía a su mando una gran parte de los ángeles. También hay muchos eruditos en las Escrituras que creen que este querubín era el encargado de la alabanza en el cielo. Para eso se basan en Ezequiel 28:13, donde dice que «los primores de tus tamboriles y flautas estuvieron preparados para ti en el día de tu creación». Con esto se refieren a que Dios lo creó con instrumentos musicales. Pudiera ser, pero esto nadie lo puede afirmar.

Por otra parte, según lo que describe Ezequiel, esta criatura angelical era hermosa, sus vestidos eran finos, espléndidos, relucientes y adornados de piedras preciosas. Todo lo que Dios hace es hermoso, y a este querubín lo creó así. No sabemos cuánto tiempo transcurrió desde su creación hasta que pecó, pero sí se nos dice que en un tiempo este querubín anduvo en rectitud, obediencia y perfección delante de Dios. La Biblia dice:

> Perfecto eras en todos tus caminos desde el día que fuiste creado, hasta que se halló en ti maldad.
>
> Ezequiel 28:15

Sin embargo, es bueno tener en cuenta que a pesar de que este querubín llamado Lucifer se creó hermoso, vivía en un reino perfecto y en un tiempo anduvo en rectitud delante de Dios, en algún momento concibió la maldad. Tal vez al poner sus ojos en su belleza y perfección, o al considerar su alto rango en la corte del reino de Dios, le diera el impulso para desarrollar una actitud prepotente que a su vez abrió paso para concebir al orgullo. ¿Cómo sucedió esa transición? No lo sabemos porque la Biblia guarda completo silencio al respecto.

No obstante, lo que sí sabemos es que este orgullo provocó una desmesurada ambición en este ser angelical y quiso apoderarse de algo que no le pertenecía. Quiso recibir la adoración y el honor que solo Dios es digno de recibir. Es más, quiso compararse al Altísimo. Dios solo hay uno, y Él es alto y sublime. Así lo describió el profeta Isaías cuando lo vio en visión: «Vi yo al Señor sentado sobre un trono alto y sublime, y sus faldas llenaban el templo» (Isaías 6:1). Dios es grande, eterno, poderoso y creador de todas las cosas. Todo lo que existe fue creado por Él y para Él, como dice el apóstol Pablo en su carta a la iglesia de Colosas:

> Porque en él fueron creadas todas las cosas, las que hay en los cielos y las que hay en la tierra, visibles e invisibles; sean tronos, sean dominios, sean principados, sean potestades; todo fue creado por medio de él y para él.
>
> Colosenses 1:16

¡A Él sea la gloria, honor y alabanza!

¿Dónde se originó la guerra espiritual?

EL SÍNDROME DEL ORGULLO

Volviendo a la atrevida pretensión de Lucifer, podemos darnos cuenta que el orgullo puede llevar a la persona a la irrealidad, a un mundo de fantasía. Este mal hace que la persona que lo padece se crea con el derecho de tomar o poseer cualquier cosa que seduzca su ambición, hasta la locura de pretender ser como Dios.

Al parecer, el rey de Babilonia sufría del mismo síndrome de orgullo que el rey de Tiro y, por consiguiente, del querubín Lucifer también. El profeta Isaías, describiendo el comportamiento del rey de Babilonia al igual que lo hizo el profeta Ezequiel cuando reveló la conducta del rey de Tiro, escribió en su libro lo siguiente:

> ¡Cómo caíste del cielo, oh Lucero, hijo de la mañana! Cortado fuiste por tierra, tú que debilitabas a las naciones. Tú que decías en tu corazón: Subiré al cielo; en lo alto, junto a las estrellas de Dios, levantaré mi trono, y en el monte del testimonio me sentaré, a los lados del norte; sobre las alturas de las nubes subiré, y seré semejante al Altísimo.
>
> Isaías 14:12-14

Si analizamos al rey de Babilonia, vemos que también se creía divino y pretendía subir a las alturas como un dios. Este pasaje nos deja en claro la semejanza que existe en el comportamiento del rey de Babilonia con el rey de Tiro. Con estos hechos podemos entrever lo que Dios nos quería mostrar. Si ponemos atención, nos percatamos que estos dos profetas, que vivieron en diferentes épocas, escribieron inspirados por el Espíritu de Dios lo que sucedió en el reino celestial con Satanás. El Espíritu los llevó a describir lo sucedido en los cielos basándose en el comportamiento de estos dos reyes. Algunos padres de la iglesia creían firmemente que en este pasaje de Isaías se hace alusión directa a la aspiración del diablo de querer ser igual a Dios.

El orgullo es un espíritu maligno que cuando entra en el corazón de un hombre le nubla el entendimiento a tal punto que la persona crea en su mente un mundo irreal. Los que sufren de este síndrome pretenden que las personas le rindan distinciones porque se ven a sí mismos superiores a los demás. En el caso de estos dos reyes, el de Babilonia y el de Tiro, el orgullo los arrastró a tal punto que los hizo creer que ya eran seres divinos. Estos dos reyes poseídos por el espíritu diabólico del orgullo, tipificaban con sus actitudes el deseo insolente de Lucifer, una criatura que con su orgullo desmedido quiso ocupar el lugar de Dios, su creador.

El profeta Isaías describe en cinco frases el deseo impertinente de un hombre que se propuso ser un dios, lo cual representa el propio deseo de Lucifer que, en su pretensión, dijo:

1. Subiré al cielo.
2. Levantaré mi trono.
3. En el monte del testimonio me sentaré.
4. Sobre las alturas de las nubes subiré.
5. Y seré semejante al Altísimo.

¡Qué pedantería! ¡Un ser creado queriéndose igualar a su Creador! La altivez de sus palabras nos hace ver con claridad que este querubín se apasionaba en gran medida de sí mismo a causa de su belleza. Al apartar sus ojos del Todopoderoso y poner sus ojos en su hermosura y perfección, en su alta posición, el envanecido querubín cayó en el mal. No calculó que en su condición de criatura jamás se podría comparar con su Creador. Esa insensatez provocó su rebelión. Un comentario de la *Biblia Plenitud* lo explica así:

> La elevada posición, y el lugar específico que le correspondía a Lucifer antes de su caída, le ofrecía una oportunidad única para glorificar a Dios [...] Su caída fue ocasionada por el intento de apropiarse de esta gloria[2].

¿Dónde se originó la guerra espiritual?

Dios no comparte su gloria con nadie, pues Él es sobre todos. Él no tiene principio ni fin. Es Eterno, Omnipotente, Omnisciente, Omnipresente. No hay nada ni nadie que pueda igualarse a Él.

MANIFESTACIONES DEL PECADO DEL ORGULLO

Si nos ponemos a pensar, encontramos que la rebelión de este querubín en los cielos es un hecho algo insólito. Nuestra mente no es capaz de comprender lo sucedido. No podemos entender cómo en la misma presencia de Dios pudiera nacer la maldad. Ningún erudito de la Biblia ni ningún sabio o instruido en teología pueden afirmar cómo sucedió esto, porque el Reino de los cielos es un reino de paz y amor, y porque donde está Dios allí hay armonía, bienestar y perfección. Por tanto, aunque no podemos darle explicación, lo cierto es que la maldad se personificó en esa criatura hermosa creada por Dios.

Algunos comentaristas bíblicos buscando una explicación a este interrogante suponen que al igual que se creó al hombre con libre albedrío, la creación celestial se creó con esa misma potestad. Piensan que, de ser así, el diablo tuvo plena libertad para tomar la decisión de someterse a Dios y servirle, o rebelarse en su contra. Quizá se debiera a esto, pero a ciencia cierta no lo sabemos, pues la Biblia no da detalles al respecto.

Lo que sí podemos constatar es que el origen de la guerra espiritual tuvo su principio en Satanás, porque él es la raíz del mal. De modo que este mal originó la insubordinación en los cielos, donde el diablo lideró a muchos ángeles que se sublevaron junto con él. Es posible que estos ángeles estuvieran bajo el mando directo de Lucifer desde el principio, y él los engañara y los hiciera rebelarse en contra de Dios. El orgullo es un pecado que Dios aborrece, y la Biblia lo aclara muy bien:

> Porque Jehová es excelso, y atiende al humilde, mas al altivo mira de lejos.
>
> Salmo 138:6

El orgullo es un mal que contamina el corazón del hombre a tal grado que no lo deja razonar como es debido. Esto se evidencia en los dos reyes que mencionamos antes, pues su orgullo los llevó a creerse dioses. Sin embargo, ellos no fueron los únicos en la historia que practicaron este pecado. Muchos otros hombres a través de los siglos padecieron de este mismo mal trayendo sobre sí la destrucción.

Por ejemplo, a Napoleón Bonaparte, el gran emperador francés que libró tantas batallas y conquistó el territorio de casi toda Europa, el orgullo lo hizo creerse invencible y no lo dejó pensar bien. Con el entendimiento entenebrecido por su autosuficiencia, planeó invadir a Rusia sin prever bien el sustento para sus tropas y sin tener en consideración el crudo invierno. Por consiguiente, el fuerte frío y las nieves inclementes de Rusia lo hicieron retroceder, y este evento fue el principio de su caída. La severidad del invierno derrotó al poderoso ejército de Napoleón.

¿Y qué diremos de Adolfo Hitler? El orgullo de este hombre lo hizo creer que pertenecía a una raza superior, su mente deliró en su sueño de crear una raza única. Dios creó a todos los seres humanos de la misma manera: a su imagen y semejanza, independientemente de su color, lengua y nación. Todos los hombres, ya sean latinos, africanos, indios, asiáticos o anglosajones son iguales delante de los ojos de Dios. El orgullo es el que les hace creer que pertenecen a un mundo diferente que los demás, pero a todos estos hombres orgullosos la Palabra los clasifica con esta corta oración: «Profesando ser sabios, se hicieron necios» (Romanos 1:22). Así que debido a su necedad, Dios los lleva a su pronta caída.

Los grandes logros del hombre, el poder, las victorias, los triunfos, ya sean políticos, económicos, intelectuales o espirituales, pueden ensoberbecer a muchos. De seguro que la soberbia corrompe

¿Dónde se originó la guerra espiritual?

el corazón. Este síndrome del orgullo no discrimina. Puede tocar a cualquier puerta, pero solo entrará con el permiso del corazón. Un corazón bueno lo rechazará, un corazón malo lo abrazará. Así lo confirma el libro de Proverbios: «Antes del quebrantamiento es la soberbia, y antes de la caída la altivez de espíritu» (16:18).

LA REBELIÓN DEL PERDEDOR

El orgullo fue el primer pecado de Lucifer. Este mal que entró en su vida le ocasionó su caída. Luego vino el derrumbe producto de su enaltecimiento. Esta exaltación de sí mismo fue la causa que se rebelara y pretendiera ocupar el lugar que solo le pertenece a Dios:

> Se enalteció tu corazón a causa de tu hermosura, corrompiste tu sabiduría a causa de tu esplendor; yo te arrojaré por tierra; delante de los reyes te pondré para que miren en ti.
>
> Ezequiel 28:17

Como puedes ver, el orgullo incitó la rebelión de Lucifer, y esa rebelión trajo consigo la caída, tal como dice Isaías 14:15: «Mas tú derribado eres hasta el Seol, a los lados del abismo».

El apóstol Juan, en su visión apocalíptica, pudo presenciar la escena de lo que describe como «una gran batalla». Se trata de la batalla en la que el ejército de Dios, comandado por Miguel, triunfó sobre Lucifer. Aquí tienes la descripción detallada de este suceso:

> Después hubo una gran batalla en el cielo: Miguel y sus ángeles luchaban contra el dragón; y luchaban el dragón y sus ángeles; pero no prevalecieron, ni se halló ya lugar para ellos en el cielo. Y fue lanzado fuera el gran dragón, la serpiente antigua, que se llama diablo y Satanás, el cual engaña al mundo entero; fue arrojado a la tierra, y sus ángeles fueron arrojados con él.
>
> Apocalipsis 12:7-9

Más adelante, encontramos algo importante para nuestras pesquisas. Como resultado de esa «gran batalla», lo único que logró Lucifer fue la expulsión del cielo, acompañado de los ángeles que le ayudaron en esta rebelión:

> Y fue lanzado fuera el gran dragón, la serpiente antigua, que se llama diablo y Satanás, el cual engaña al mundo entero; fue arrojado a la tierra, y sus ángeles fueron arrojados con él.
>
> Apocalipsis 12:9

La visión que el apóstol Juan tuvo en la isla de Patmos nos revela que aquel querubín grande ataviado con vestiduras espléndidas llenas de piedras preciosas, quien gozaba de un lugar prominente y quien tenía bajo sus órdenes huestes celestiales, ahora después de su caída perdió ese esplendor y se convirtió en diablo. A este ángel lleno de belleza y perfección lo expulsaron del cielo y lo condenaron a una muerte eterna. Aun así, esta sentencia es futura, pues a pesar de que ya está condenado, todavía anda suelto.

Este ángel caído ahora es el diablo, y lidera un ejército maligno que con un desmesurado odio se opone de manera encarnizada contra Dios. A este ángel caído Juan le da los nombres con los que se le conoce desde Génesis hasta Apocalipsis: la serpiente antigua, diablo, Satanás y el gran dragón. El *Nuevo Comentario Ilustrado de la Biblia* hace la siguiente observación:

> **12.9** La expulsión del diablo del cielo a la tierra significa que este mundo se convierte en su base de operaciones, y que su ira se expresa directamente hacia los habitantes restantes de la tierra (v. 12). Asimismo, es probable que el fin de los tiempos sea el más grande período de guerra espiritual (Ef 6.10-18) de la historia[3].

Para concluir este capítulo podemos decir, entonces, que la guerra espiritual se produjo cuando la maldad apareció y el orgullo penetró en un ser creado con toda perfección y lujo. Cuando su

¿Dónde se originó la guerra espiritual?

belleza lo envaneció y quiso ser semejante al Altísimo, este malvado ser propagó su venenosa maldad y es el causante directo de la guerra espiritual.

NOTAS

1. Matthew Henry, *Comentario de la Biblia Matthew Henry* en un tomo, Editorial Unilit, Miami, FL, 1999, p. 630.
2. *Biblia Plenitud*, según nota de Ezequiel 28:11-19, Editorial Caribe, Nashville, TN, 1994, p. 1006.
3. Earl D. Radmacher, Roland B. Allen, H. Wayne House, *Nuevo Comentario Ilustrado de la Biblia*, según nota de Apocalipsis 12:9, Grupo Nelson, Nashville, TN, 2002, p. 1722.

Entonces la serpiente dijo a la mujer: No moriréis; sino que sabe Dios que el día que comáis de él, serán abiertos vuestros ojos, y seréis como Dios, sabiendo el bien y el mal.

GÉNESIS 3:4-5

Capítulo 4

EL ATAQUE DE LA SERPIENTE

Haciendo un poco de historia, y yéndonos al principio, encontramos que Dios creó un paraíso, un hermoso huerto, y colocó allí al hombre y la mujer. En ese paraíso terrenal había belleza, paz, inocencia, y se respiraba obediencia. El hombre y la mujer disfrutaban de una linda comunión con Dios. Fue allí en ese hermoso huerto del Edén donde Dios le dio al hombre la autoridad de gobernar la tierra.

La Biblia nos cuenta que después de la rebelión, al diablo lo echaron del cielo. No sabemos si la expulsión del diablo ocurrió antes de la creación del hombre o después, pero lo cierto es que la derrota que tuvo en los cielos le hizo ver que nunca podría ganar una batalla en contra de Dios. Por esta causa, volcó su artillería pesada en contra del hombre, la creación de Dios.

El diablo odiaba la relación y comunión que el hombre tenía con Dios y planeó destruirla. Recordemos que quería ser igual al Altísimo, así que detestaba que al hombre lo crearan a la imagen de Dios. Es más, no soportaba que al hombre, creado menor que los ángeles, se le diera el poder de gobernar y de enseñorearse sobre la tierra.

LA ASTUCIA DE LA SERPIENTE

En el capítulo tres de Génesis podemos ver que el diablo ya no se presenta como un querubín. Ya no era un ser hermoso vestido con ropas espléndidas, sino que aparece en escena como la serpiente. Debemos recordar que este es uno de los nombres con el que se conoce a Satanás en la Biblia.

Siguiendo el curso de la historia, encontramos que este ser maligno, a quien echaron del cielo, estaba embravecido hasta lo sumo, echaba chispas por los ojos, y respiraba odio y venganza en contra de Dios. Por lo tanto, puso en marcha su plan destructivo y entró en el huerto. Su deseo de vengarse de Dios le dio el ímpetu para crear el plan de engañar al hombre y llevarlo así a rebelarse en contra de la autoridad de Dios. Con esta rebelión, el diablo le traería al hombre la muerte espiritual, la separación de Dios y una sentencia de muerte eterna como la suya propia debido a su sublevación.

Por otro lado, Adán y Eva se encontraban disfrutando de su huerto, del paraíso que les creó Dios. En su estado de inocencia, no intuyeron que en el huerto entró una presencia maligna personificada por la serpiente, así que no percibieron el peligro. La pareja no se percató del mal que los asechaba, pues no tenían malicia, no había maldad en ellos. Además, estaban acostumbrados a ver aquel reptil andar por el huerto.

Sin duda, veían a esta serpiente como cualquier otro animal más de la creación, puesto que Eva no le tuvo miedo debido a que estaba acostumbrada a verla. Por otra parte, nunca se imaginaron que ahora, en ese hermoso huerto hecho por Dios, había un ser malévolo. No sospecharon ni por un momento que la serpiente fuera el instrumento que los derribaría de su posición de inocencia y los llevaría a un estado pecaminoso.

Este maligno ser espiritual se había impuesto una misión maligna. Se había dado a la tarea de separar al hombre de Dios y, por consiguiente, no perdía de vista a la pareja para ver por dónde los podía hacer caer. La astuta serpiente los observaba, y en su observación se dio cuenta cuál de los dos era la presa más fácil para engañar. De Adán y Eva, la serpiente optó por hablar con la mujer.

EL ATAQUE AL MÁS DÉBIL

La técnica de observar es muy común en el mundo animal. Esa es una táctica que usan los animales para cazar. Estudiando el libro de Génesis nos damos cuenta que esta técnica de observación es también la forma que usa el diablo para atacar a su presa.

En una ocasión, estaba mirando un programa en un canal de televisión, y en esa noche presentaron cómo actuaban los leones en su hábitat. Las escenas que vi se me quedaron grabadas en la mente, y en el acto me acordé de lo que nos dice el apóstol Pedro:

> Sed sobrios, y velad; porque vuestro adversario el diablo, como león rugiente, anda alrededor buscando a quien devorar.
> 1 Pedro 5:8

En cuestión de segundos, mi mente conectó la escena que estaba mirando con el asedio del diablo a los creyentes para robarles, matarlos o destruirlos.

Siguiendo el hilo de la historia que estoy contando, los leones llegaron a un lugar donde acampaba una manada de elefantes. Aun cuando los leones estaban hambrientos, se tendieron en el suelo solo para observar a los elefantes. Al llegar la noche y los elefantes decidieron seguir su rumbo, el panorama cambió. Ahora ya los leones estaban listos para atacar. En su observación, se habían percatado cuál de todos los elefantes era el más débil, y sobre este pusieron sus ojos. Esa era su presa, así que fueron tras ella y la atacaron.

Ese mismo método fue el que utilizó la serpiente en el Edén. Observó a Adán y Eva, y concluyó que la mujer era la mejor presa para atacar. Como era la más débil, fue directo a hablar con ella. La serpiente quería averiguar cuánto conocimiento tenía la mujer del mandato de Dios, cuánta fuerza tenía en su interior para obedecer a Dios y resistir su asedio, así como cuán ignorante o débil era para poderla engañar y llevar a cabo su malévolo plan. La Biblia nos relata este hecho y nos da los detalles del diálogo que se entabló entre la serpiente y la mujer:

> Pero la serpiente era astuta, más que todos los animales del campo que Jehová Dios había hecho; la cual dijo a la mujer: ¿Conque Dios os ha dicho: No comáis de todo árbol del huerto? Y la mujer respondió a la serpiente: Del fruto de los árboles del huerto podemos comer; pero del fruto del árbol que está en medio del huerto dijo Dios: No comeréis de él, ni le tocaréis, para que no muráis. Entonces la serpiente dijo a la mujer: No moriréis; sino que sabe Dios que el día que comáis de él, serán abiertos vuestros ojos, y seréis como Dios, sabiendo el bien y el mal. Y vio la mujer que el árbol era bueno para comer, y que era agradable a los ojos, y árbol codiciable para alcanzar la sabiduría; y tomó de su fruto, y comió; y dio también a su marido, el cual comió así como ella.
>
> Génesis 3:1-6

En todo esto podemos ver que, desde el mismo principio del diálogo, este perverso ser envió su venenoso mensaje poniendo en tela de juicio la veracidad de la Palabra de Dios diciendo: «¿Conque Dios os ha dicho: No comáis de todo árbol del huerto?». Esa estocada fue suficiente para que Eva le diera en bandeja de plata la información que deseaba el maligno. Así que no necesitó mucho más. Hay un refrán que dice: «Por la boca muere el pez», y en esta conversación la mujer dejó ver la ignorancia que tenía en cuanto al mandamiento de Dios.

El ataque de la serpiente

LA DESOBEDIENCIA A LA ORDEN DE DIOS

Si nos damos cuenta, Dios le ordenó a Adán que no comiera «del árbol de la ciencia del bien y del mal», pero cuando la serpiente habló con la mujer, esta no solo le dijo lo que Dios les prohibió hacer, sino que también le agregó al mandamiento diciendo que tampoco lo podrían tocar. Con este hecho, en un dos por tres la serpiente supo que no se había equivocado en su elección. La mujer era una presa fácil de engañar. Así que con cuidado guio el hilo de su conversación matizando sus palabras para lograr que la mujer aceptara lo que le sugeriría.

Al percibir la serpiente que la mujer estaba interesada en la conversación, le dio cordel para que mordiera el anzuelo. Además, se percató que le era fácil falsear el mandamiento de Dios, y lanzó el ataque directo diciéndole: «No moriréis; sino que sabe Dios que el día que comáis de él, serán abiertos vuestros ojos, y seréis como Dios, sabiendo el bien y el mal».

El diablo mandó sus palabras justo al ego de Eva. Entonces, la mujer se sintió tentada a querer ser como Dios. Ese fue el mismo deseo que Lucifer tuvo en el cielo. Al final, la serpiente picó la curiosidad de Eva con sus palabras. Antes de ese momento la mujer siempre había visto ese árbol con los ojos de la obediencia, pero ahora el interés de saber y ser como Dios le hizo quitar sus ojos de Dios y los puso en el árbol.

> Y vio la mujer que el árbol era bueno para comer, y que era agradable a los ojos, y árbol codiciable para alcanzar la sabiduría; y tomó de su fruto, y comió; y dio también a su marido, el cual comió así como ella.
>
> Génesis 3:6

De seguro que muchas veces Eva vio el árbol mientras caminaba por el huerto, pues estaba en el mismo centro. Sin embargo, nunca se le ocurrió comer de su fruto debido a que respetaba el mandamiento. Ahora, de repente, su actitud empezó a cambiar. Comenzó a mirar el árbol y a darle cabida a la mentira recibida. Nuestras acciones pueden decir más que mil palabras. Quizá la serpiente al observar el lenguaje corporal de Eva, pudo darse cuenta que la mujer había mordido el anzuelo. De manera que discernió que este era el momento propicio para engañar.

EL PECADO QUE ENTRA POR LOS OJOS

Este maligno ser sabía que si lograba que la mujer apartara sus ojos del mandamiento y los pusiera en el árbol, esto iba a despertar la codicia de lo prohibido. Con estas palabras: «No moriréis; sino que sabe Dios que el día que comáis de él, serán abiertos vuestros ojos, y seréis como Dios, sabiendo el bien y el mal», la engañó y la sedujo para que deseara probar lo desconocido. Entonces Eva, al fijar sus ojos en el árbol, vio el fruto y lo codició... ¡la mujer cayó en la trampa!

El pecado de Eva entró por sus ojos: «Y vio la mujer que el árbol era bueno para comer, y que era agradable a los ojos». La vista es uno de los sentidos más maravillosos que tenemos los seres humanos. Con los ojos podemos contemplar la belleza de la naturaleza creada por Dios, podemos ver a nuestros seres queridos, podemos admirar las bendiciones que nos da el Señor y también podemos recrearnos al mirar infinidades de cosas.

Sin embargo, existen dos formas de mirar: Está el mirar con nuestros sentidos naturales, y está el mirar a través de la obediencia a la Palabra de Dios; o sea, a través de la fe. Eva apartó sus ojos de la obediencia y miró con sus ojos naturales, pues lo hizo con el uso de sus sentidos. Al mirar con nuestros sentidos, actuamos según la carne, y al caminar en la carne somos presa fácil para que nos engañe Satanás.

Cuando Eva miró a través de sus sentidos, esto le provocó la codicia. Miró y vio que el árbol era deseable para alcanzar la

El ataque de la serpiente

sabiduría. La codicia nos hace desear lo que no nos es lícito tener. Vale subrayar que la «codicia» trae consigo la apetencia, el afán excesivo y los deseos vehementes que, cuando se encaminan mal, pueden llegar a la concupiscencia, la voracidad, etc. Cuando Eva miró el árbol y lo codició, sintió apetito carnal de probar lo prohibido. Comenzó a desear con intensidad lo que Dios no le permitía hacer.

Esta táctica que el diablo empleó con Eva al engañarla para que apartara sus ojos de lo que ordenó Dios haciéndola mirar con sus sentidos naturales, no fue un ataque que la serpiente empleó solo para Eva, ¡no! Esa es una táctica que la serpiente ha usado a través de los tiempos para atacar a la humanidad y separar al hombre de Dios.

En el libro de Josué, capítulo 7, encontramos la historia de un hombre llamado Acán. A este hombre, al igual que en el caso de Eva, lo atacó la serpiente, pero no de forma directa, pues no sostuvo un diálogo. Si ponemos atención, nos percatamos que de la misma manera que hizo con Eva, atacó los sentidos naturales de este hombre para despertar la codicia y que así apartara sus ojos del mandamiento de Dios.

Por medio de Josué, Dios les ordenó a los israelitas que en la conquista de la ciudad de Jericó no se tocara ninguna de sus riquezas, sino que el oro, la plata y el bronce que encontraran debían consagrarlo al tesoro de la casa de Jehová. Cuando Acán entró en Jericó, la serpiente lo llevó a mirar algo que despertaría su codicia. Al final, tuvo que reconocer su pecado. Veamos cómo lo dice la Palabra:

> Y Acán respondió a Josué diciendo: Verdaderamente yo he pecado contra Jehová el Dios de Israel, y así y así he hecho. Pues vi entre los despojos un manto babilónico muy bueno, y doscientos siclos de plata, y un lingote de oro de peso de cincuenta siclos, lo cual codicié y tomé; y he aquí que está escondido bajo tierra en medio de mi tienda, y el dinero debajo de ello.
>
> Josué 7:20-21

Recordemos que el pecado de Eva entró por los ojos, y lo mismo le sucedió a Acán también. Quiero que notes que entre estos dos casos hay cierto paralelismo, hay cierta semejanza en la forma del ataque. Aunque en el libro de Josué no se menciona a la serpiente, por la manera en que se desarrollaron los acontecimientos podemos discernir que a Acán lo tentó la serpiente antigua, la misma que engañó a Eva.

Si observamos bien, podemos darnos cuenta de la similitud que existió en la táctica que empleó el enemigo en ambos casos. La serpiente hizo que Eva olvidara el mandamiento y pusiera sus ojos en lo prohibido para hacerla pecar, pues vio «que el árbol era bueno para comer, y que era agradable a los ojos». Del mismo modo, la serpiente hizo que Acán apartara sus ojos del mandamiento y lo pusiera en lo prohibido para hacerlo pecar. Esto es evidente cuando le dijo a Josué que vio «entre los despojos un manto babilónico muy bueno, y doscientos siclos de plata, y un lingote de oro de peso de cincuenta siclos» que codició y tomó.

Cuando Eva y Acán pusieron los ojos en lo prohibido, de inmediato este hecho les despertó la ambición y la avaricia, y se hundieron en el pecado de la desobediencia. El ataque de la serpiente hacia Eva fue infalible, del mismo modo que el ataque de la serpiente contra Acán fue certero. Tanto Acán como Eva cayeron en la red de la serpiente y pecaron. Si lo analizas bien, los dos pusieron sus ojos en lo prohibido. Al mirar con sus ojos físicos, quitaron su mirada del mandamiento, y esto los llevó a la codicia.

Una vez que consideramos las semejanzas en los ataques de estos dos casos, nos podemos dar cuenta de la manera en que ataca la serpiente. Además, nos damos cuenta de que la serpiente siempre trata que sus víctimas miren las cosas a través de los ojos naturales y no a través del mandamiento de Dios.

LAS ESTRATEGIAS DE LA SERPIENTE ANTIGUA

Ahora, quisiera que pongamos atención en algo que nos puede llevar a pensar por error que, a pesar de que la serpiente se apellida antigua, no se ha retirado de su misión de engaño. Todavía está vigente en el mundo en que vivimos inyectando su veneno. No nos dejemos engatusar pensando que esta forma de ataque es cosa del pasado. La serpiente antigua sigue atacando hoy en día. Con su asedio, hace que los hombres miren a través de los sentidos y olviden así el mandamiento de Dios. Cuando lleva al hombre a que mire con sus sentidos naturales, pone en práctica una de las tácticas más comunes, antiguas y exitosas que el diablo ha usado para destruir y separar al hombre de Dios.

A través de los sentidos es que recibimos la apreciación del mundo en que vivimos. Debido a que el gusto, la vista, el olfato, el oído y el tacto son los sentidos que nos llevan a relacionarnos con nuestro entorno, el diablo los usa para que sus tentaciones parezcan algo normal, para que parezcan pensamientos propios, pues parten de nuestros sentidos.

Con esta estrategia, la astuta serpiente a través de los tiempos ha hecho que muchísimos creyentes aparten su mirada de la Palabra de Dios y solo miren mediante sus sentidos físicos. Al quitar los ojos de la Palabra y querer razonarlo todo a través de los sentidos, el hombre se queda enredado en las redes diabólicas. Por esa razón muchos han caído en doctrinas de demonios y han llegado a formar sectas diabólicas que conducen a muchos a la perdición eterna.

La serpiente siempre tratará de llevar al hombre a que fije sus ojos en lo prohibido. Como resultado, empleará todas sus artimañas para convencernos que lo que Dios dijo que es malo, en realidad es bueno. Tratará que veamos lo prohibido como bueno y codiciable a nuestros ojos humanos.

Esta maniobra de la serpiente causa la destrucción de muchos matrimonios, donde uno de los dos cónyuges mira lo prohibido y lo codicia. La mirada con los sentidos trae como resultado que los jóvenes dejen a un lado los mandamientos de Dios por considerarlos anticuados, retrógrados y poco populares en el mundo de hoy.

Incluso, cuando los creyentes miran a través de sus sentidos, se vuelven fríos en su relación con Dios porque han estado observando al mundo y codiciando sus placeres. Por consiguiente, esto provoca que surjan deseos ilegítimos en su interior y abandonen su primer amor. Cuando leemos el libro de Apocalipsis, una de las cosas que el Señor le reprocha a la iglesia de Éfeso es justo eso:

> Pero tengo contra ti, que has dejado tu primer amor.
> Apocalipsis 2:4

Cuando se habla de los deseos ilegítimos, existe la tendencia a pensar que siempre nos viene la tentación por el lado sexual. Entonces, si sabemos que somos fuertes en esto, nos descuidamos y no prestamos atención a que la tentación puede venir de muchas formas. Por ejemplo, la tentación de Eva a mirar lo que no debía no fue sexual, sino que el diablo la tentó a querer tener conocimiento como Dios. Por otra parte, la tentación de Acán tampoco fue sexual, sino que se debió a sus ansias por almacenar riquezas.

El ataque a nuestros ojos puede dirigirse en cualquier dirección que miremos en el mundo. Nuestra piedra de tropiezo para caer puede ser cualquier cosa que nos parezca atractiva y sea contraria al mandamiento de Dios. Por esta causa no debemos descuidarnos, ni debemos dejar de vigilar y guardar cada aspecto de nuestra vida, recordando siempre lo que la Biblia nos dice bien claro: «Así que, el que piensa estar firme, mire que no caiga» (1 Corintio 10:12).

Quedamos entonces que cuando nos tientan a mirar con los ojos de los sentidos, por detrás de esa sugerencia está la serpiente antigua. Tampoco debemos olvidar que esta querrá que apartemos nuestra mirada de los mandamientos de Dios, debido a que los sentidos siempre se opondrán a la fe, y tratarán de anular la obediencia a la Palabra de Dios.

OBEDIENCIA CONTRA DESOBEDIENCIA

Debemos ser conscientes que el ataque a nuestros ojos viene de una forma sutil. Nadie es fuerte en sus propias fuerza o sabiduría para

El ataque de la serpiente

resistir el asedio de la serpiente. Por esta razón nuestro mirar siempre debe ir acompañado de fe; o sea, debemos mirar todas las cosas a través de la Palabra de Dios, debemos mirar las cosas en obediencia a sus mandamientos.

Por escuchar a la serpiente, Eva se dejó llevar por una tremenda tentación. En esta situación, tenía dos caminos a seguir: obedecer el mandamiento o desobedecerlo. Si era obediente, sabía que su vida seguiría en paz, felicidad, armonía y comunión con Dios. Sin embargo, la idea de ser igual a Dios en sabiduría la sedujo y optó por desobedecer.

La Biblia nos dice que la mujer se puso en acción, comió del árbol prohibido y le dio también a su esposo, Adán, quien saboreó el fruto del árbol tanto como ella. Cabe mencionar que cuando la mujer le trajo la fruta a Adán, y este vio que la misma era diferente a la que estaban acostumbrados a comer, no protestó, ni siquiera preguntó de dónde la había tomado, solo comió y la saboreó.

Esta actitud pasiva de Adán es la que me hace pensar que la presencia de la serpiente en el huerto también le afectó, aunque de forma indirecta. La maldad de ese ser maligno lo paralizó produciéndole ceguera espiritual. El *Nuevo Comentario Ilustrado de la Biblia* dice al respecto:

> Adán pecó con sus ojos bien abiertos. No formuló siquiera una pregunta y sabía tan bien como ella que el fruto era prohibido. Ambos habían roto su fe en el Señor y su mundo había cambiado para siempre[1].

Difiero un tanto en la afirmación de que Adán tenía los «ojos bien abiertos». La indiferente y despreocupada actitud de Adán ante la transgresión de Eva y la frialdad con que tomó la fruta y la comió sin preguntar nada, habiéndole dado Dios a él precisamente el mandamiento, nos hace percibir que su sentido de la vista o sus ojos físicos podían estar abiertos, pero sus ojos espirituales estaban cerrados.

No puedo concebir que un hombre con los ojos bien abiertos pudiera ver a su mujer ir en pos de lo prohibido y violar la ley de Dios sin decir nada. Lo que es más, ya bien sabía que la punición, o el castigo, por violar el mandato era la muerte.

Esa pasividad que demostró Adán es lo que me hace pensar (aunque la Biblia no dice nada de esto) que la serpiente había esparcido su veneno por el huerto y que al alcanzarlo, le produjo esa total frialdad e indiferencia ante el pecado de Eva. La habilidad que tiene este ser maligno para engañar y engatusar a una persona es inimaginable. Su astucia perversa lleva a la persona a hacer lo que esta le indique.

LOS ATAQUES FÍSICOS Y ESPIRITUALES

Quisiera explicar que el comportamiento que demuestra la serpiente en el ámbito espiritual es el mismo que vemos en las serpientes terrenales. La serpiente antigua, al igual que las serpientes físicas, antes de atacar observan a su víctima para después inyectarle su veneno.

He visto en visión el ataque de la serpiente. La he mirado representada en una serpiente terrenal llamada cobra. La cobra puede elevar del suelo la parte superior de su cuerpo, se para y se queda mirando a su víctima para atacarla con sus colmillos y clavarle su veneno.

En lo espiritual, la serpiente observa a su víctima para saber cuál es el punto débil de la persona y comienza a elaborar su plan de ataque. Cuando menos se lo espera, la muerde y esta es la orden de ataque que esperan los demonios subalternos, a fin de llevar adelante su plan de destrucción. Después del ataque, de repente la persona atacada comienza a tener confusión, temor, afán, ansiedad, intranquilidad, dudas, incredulidad, engaño, etc.

Todos estos síntomas que la persona padece producto de la mordida de la serpiente son los espíritus demoníacos que trabajan junto a la serpiente. Casi siempre el espíritu que lidera a estos otros espíritus es el de la mentira. Por eso su misión es hacer que la persona mire hacia el otro lado, hacia la mentira, de modo que crea lo contrario de lo que le dice Dios, y la convence a tal punto que lo blanco lo ve negro.

He observado que el efecto que produce este veneno en el creyente le trae una confusión terrible, pues no le permite mirar con objetividad, así que le entenebrece su entendimiento y lo llena de terror. En su aturdimiento, ve a Dios como el causante de sus desdichas y lo considera arbitrario en sus decisiones.

En el mundo físico, el ataque de una serpiente venenosa puede ser mortífero. Cuando una serpiente venenosa ataca a sus víctimas, le pueden inyectar una gran cantidad de veneno en el cuerpo. Este veneno puede tener muchos efectos según la dosis que logre inocular la serpiente. Como es lógico, mientras más cantidad de veneno reciban las víctimas, más probabilidades tienen de presentar procesos muy dolorosos con síntomas que se agudizan y hasta puede provocar la muerte.

Es interesante saber algunos de los efectos que pueden causar estas venenosas mordidas. Según dicen los expertos, las mordidas de estas serpientes venenosas pueden traer infecciones serias al cuerpo de la persona atacada, donde incluso pueden llegar a la amputación de alguna extremidad, en dependencia del lugar de la mordida. En otros casos, dicen que el veneno paraliza los músculos del cuerpo de la víctima impidiéndole caminar. El más grave es cuando la serpiente logra depositar tanto veneno que llega a matar a la víctima poco después de la mordida.

EL VENENO LETAL DEL PECADO

En el mundo espiritual el ataque de la serpiente también es brutal. Su veneno puede infectar a tal punto a los creyentes que les pueden amputar sus talentos, su familia, su matrimonio, sus finanzas, etc. En otros casos, el veneno los paraliza y los hace estériles para el ministerio que se les encomendó, no crecen espiritualmente, y se quedan raquíticos e inútiles para el servicio a Dios. En el peor de los casos, el veneno llega a ser tan letal que mata sus espíritus y los separa de Dios.

Solo el poder de Dios puede liberar y sanar a una persona envenenada por este tóxico veneno. El efecto de tales ataques puede ser mortífero. Desde el punto de vista espiritual, la dosis de veneno que recibieron Adán y Eva los mató y su poder destructor alcanzó a toda la humanidad.

Cuando leo el capítulo 3 de Génesis, lo interesante que puedo ver es que después de casi seis mil años, la serpiente sigue atacando al hombre y la mujer de la misma manera que atacó a Eva en el huerto. Sus tácticas siguen siendo las mismas al usar el engaño y la mentira. El enemigo es tan hábil en el arte de engañar que en ocasiones puede confundir y amedrentar al creyente más consagrado. En su ataque trae a la mente pensamientos para infundir dudas, temor e incredulidad hacia la Palabra de Dios.

En el huerto, la serpiente logró su propósito de engañar al hombre. Eva cayó en rebelión contra Dios al hacer lo que le dijo la serpiente, y Adán cayó también al consentirlo, pues fue a quien se le dio el mandamiento. Los dos le abrieron la puerta al pecado y desobedecieron el mandato divino. Como resultado, por el pecado entró la muerte.

> Por tanto, como el pecado entró en el mundo por un hombre, y por el pecado la muerte, así la muerte pasó a todos los hombres, por cuanto todos pecaron.
>
> Romanos 5:12

Con su transgresión, Adán le dio a Satanás el dominio que Dios le concedió sobre la tierra, y ahora el enemigo de nuestras almas es quien rige a este mundo. Los años han pasado desde la caída del hombre en el huerto, pero el tiempo transcurrido no le ha afectado a la serpiente porque ella es espíritu. Este ser perverso no se ha

El ataque de la serpiente

retirado de su misión maligna, pues ha seguido enfrascado en una guerra espiritual contra todos los creyentes a través de los tiempos. Que no te quede duda: esta serpiente antigua, a quien se le conoce también en las Escrituras como dragón y como diablo, estará peleando en contra de la Iglesia hasta que Cristo regrese a buscarla en su Segunda Venida.

Nota

1. Earl D. Radmacher, Roland B. Allen, H. Wayne House, *Nuevo Comentario Ilustrado de la Biblia*, según aparece en la nota de Génesis 3:6, Grupo Nelson, 2002, p. 13.

[Jesús] les dijo: Vosotros sois de abajo, yo soy de arriba; vosotros sois de este mundo, yo no soy de este mundo. Por eso os dije que moriréis en vuestros pecados; porque si no creéis que yo soy, en vuestros pecados moriréis.

JUAN 8:23-24

Capítulo 5

Mentiroso y Asesino

En el capítulo 8 del Evangelio de Juan encontramos que los encarnizados oponentes de Jesús le hacían frente cuando le enseñaba al pueblo. Incluso, su cólera se encendía cada vez más siempre que le escuchaban decir que Él era el Hijo de Dios.

Si ponemos atención a lo que Jesús expone en este encontronazo con los fariseos, nos damos cuenta de que este manifiesto enojo no se debía a su celo por cuidar la sana doctrina del judaísmo. ¡De ninguna manera! Ese enfurecimiento tenía raíces más profundas. Estos líderes religiosos decían ser hijos de Abraham y, en efecto, eran sus descendientes desde el punto de vista terrenal debido a sus antepasados, pero no lo eran en lo espiritual porque no creían en Jesús como nosotros los creyentes:

> Sabed, por tanto, que los que son de fe, éstos son hijos de Abraham.
>
> Gálatas 3:7

Así que estos enfurecidos fariseos creían que por ser descendientes de Abraham ya eran hijos de Dios y tenían garantizada la vida eterna.

Sin embargo, no se percataban que sus obras diferían mucho de las obras del Padre de la fe, Abraham, porque este honraba a Dios, pero ellos querían matar a Jesús. Por más que el Señor les hablara, no podían entenderlo. El pecado los había cegado tanto que sus corazones estaban endurecidos y sus oídos cerrados a la voz de Dios.

LOS HIJOS DEL DIABLO

Aunque estos líderes religiosos tenían la reputación de conocer las Escrituras, estaban perdidos por completo. Su proceder no venía de Dios, sino que los movían los deseos de un ser espiritual asesino. No percibían la verdad, pues sus sentidos estaban tan cauterizados por el pecado que no podían ver que las Escrituras que tanto estudiaban hablaban de Jesús. De modo que Jesús fue claro cuando les dijo:

> Vosotros sois de vuestro padre el diablo, y los deseos de vuestro padre queréis hacer. El ha sido homicida desde el principio, y no ha permanecido en la verdad, porque no hay verdad en él. Cuando habla mentira, de suyo habla; porque es mentiroso, y padre de mentira.
>
> Juan 8:44

Me gusta la manera en que lo expresa el *Nuevo Comentario Ilustrado de la Biblia* en referencia al capítulo 8 de Juan:

> **8.44-47 vuestro padre:** Jesús sabía lo que había en el corazón de las personas (2:25), por eso podía seguir sus acciones hasta su origen. El diablo es un **homicida**; sus agentes querían asesinar a Cristo[1].

Es evidente que Jesús decía que estos hombres eran hijos de Satanás. Él podía ver en el interior de sus corazones de dónde procedían sus ataques de odio y de furia. El apóstol Juan corrobora y afirma lo que Jesús les dijo a los judíos:

> El que practica el pecado es del diablo; porque el diablo peca desde el principio. Para esto apareció el Hijo de Dios, para deshacer las obras del diablo.
>
> 1 Juan 3:8

El diablo era quien estaba detrás del odio con el que los fariseos la arremetían contra Jesús. Debido a que odia a Dios, también odia al Hijo. Por eso quería destruir a Jesús antes de que llegara a la cruz, pues percibía que en la cruz estaría su derrota. Incluso, podía divisar de lejos que el Cordero que sería inmolado para redimirnos de todo pecado, enfermedad y condenación lo iba destruir. Por tanto, usaba a estos religiosos mediante la instigación de manera que mataran a Jesús antes de que fuera al Calvario.

Es obvio que estos líderes judíos eran pecadores y estaban en pecado. Aun así, proclamaban ser santos a pesar de que eran también unos hipócritas. Se enorgullecían mucho enseñando al pueblo a cumplir la ley, pero ellos mismos no la obedecían. Ponían cargas sobre los demás y les exigían con rigidez que las llevaran cuando ellos mismos no eran capaces de hacerlo. No mostraban amor ni misericordia por nadie que hiciera lo mismo que ellos. Los deseos malévolos de estos hombres se mostraban ante todos publicando con sus obras de dónde venía el origen de sus acciones, pues no solo tenían deseos asesinos, sino que también eran mentirosos, y ocultaban sus verdaderas intenciones bajo el disfraz religioso.

EL TENTADOR ES PADRE DE MENTIRA Y HOMICIDA

Si analizamos el versículo 44 del capítulo 8 de Juan que vimos antes, encontramos que el diablo es el padre de la mentira, la concibió, y no hay verdad en él. Además de mentiroso, Jesús dijo que es homicida desde el principio.

Recordemos que cuando al diablo lo echaron del cielo a causa de su rebelión, también se llevó consigo a una tercera parte de los ángeles del Señor que engañó y mató espiritualmente. Este fue su primer crimen, este fue su principio, aquí se estrenó como mentiroso y homicida.

Por la lectura del capítulo 3 de Génesis nos percatamos que la misma táctica que el diablo usó en el cielo la repitió en el huerto del Edén. Con su engaño, también mató al hombre en lo espiritual y lo separó de Dios.

Puesto que el diablo fue quien engendró la mentira, nos queda manifiesto a todos que de seguro es un experto en el arte de engañar. Como engañador, sabe mezclar muy bien parte de verdad con parte de mentira, a fin de confundir con su astucia a sus víctimas.

Como puedes ver, el enemigo que enfrentamos en esta guerra es muy peligroso. Jesús lo calificó como mentiroso y homicida. Además, el Señor especificó que no hay nada de verdad en él. Así que debemos estar alertas y saber que de la misma manera que atacó antes, ataca hoy.

El Nuevo Testamento nos declara que el diablo además de ser mentiroso y homicida, también es el tentador. Es el que persigue al hombre con sus maquiavélicas tentaciones para hacerlo caer. No debemos de pasar por alto que una de sus tácticas en la tentación es tomar algo de verdad y mezclarlo con la mentira para así conseguir confundir a la víctima y vencerla.

La insolencia del diablo llegó a lo sumo cuando dirigió su tentación a Jesús en el desierto. ¡Qué petulancia! Bien sabía que Jesús era el Hijo de Dios. Conocía a ciencia cierta que Jesús era Dios mismo, y quiso tratar de engañarlo con su tentación. En el Evangelio de Mateo encontramos los hechos:

> Entonces Jesús fue llevado por el Espíritu al desierto, para ser tentado por el diablo. Y después de haber ayunado cuarenta días y cuarenta noches, tuvo hambre. Y vino a él el tentador, y le dijo: Si eres Hijo de Dios, di que estas piedras se conviertan

en pan. Él respondió y dijo: Escrito está: No sólo de pan vivirá el hombre, sino de toda palabra que sale de la boca de Dios. Entonces el diablo le llevó a la santa ciudad, y le puso sobre el pináculo del templo, y le dijo: Si eres Hijo de Dios, échate abajo; porque escrito está: A sus ángeles mandará acerca de ti, y, en sus manos te sostendrán, para que no tropieces con tu pie en piedra. Jesús le dijo: Escrito está también: No tentarás al Señor tu Dios. Otra vez le llevó el diablo a un monte muy alto, y le mostró todos los reinos del mundo y la gloria de ellos, y le dijo: Todo esto te daré, si postrado me adorares. Entonces Jesús le dijo: Vete, Satanás, porque escrito está: Al Señor tu Dios adorarás, y a él sólo servirás. El diablo entonces le dejó; y he aquí vinieron ángeles y le servían.

Mateo 4:1-11

Debemos recordar que antes de la tentación en el desierto, Jesús recibió un hermoso regalo espiritual en público cuando en el río Jordán, al ser bautizado por Juan, se escuchó una voz del cielo que decía: «Este es mi Hijo amado, en quien tengo complacencia» (Mateo 3:17).

EL ARMA FAVORITA DE SATANÁS

Siempre que alcanzamos una gran bendición, una victoria, un triunfo en nuestra vida espiritual, el enemigo se levantará en contra de nosotros para tratar de echar abajo la bendición obtenida sembrando dudas, temor, o trayendo una fuerte tentación para hacernos pecar y de esta manera destruirnos.

Primera tentación: «Si eres Hijo de Dios, di que estas piedras se conviertan en pan»

Si observamos bien en las Escrituras, encontramos que lo primero que hizo el enemigo en el desierto fue tratar de echar por tierra la bendición que Jesús recibió de su Padre. Por eso intentó sembrar la duda al hecho de si era o no en realidad Hijo de Dios cuando le dijo: «Si eres Hijo de Dios».

Estas palabras de tentación encierran dudas en sí mismas, pues iban directas al corazón de Jesús hombre, a su ego, para incitarle a hacer un milagro extraordinario que probara su divinidad. En otras palabras, el diablo le decía: «Tú afirmas que eres Hijo de Dios, pero yo tengo dudas de que lo seas en realidad. No creo que Dios dejaría que su Hijo pasara semejante aflicción. No creo que si en verdad fueras el Hijo de Dios tuvieras necesidad de estar aquí en este desierto pasando hambre. No obstante, si de veras eres el Hijo de Dios, haz un milagro que respalde tu palabra. Diles a estas piedras que se conviertan en pan».

El diablo sabía muy bien que Jesús era, y es, el Hijo de Dios. En cambio, se dispuso a tentarlo de manera que dudara de su divinidad para provocarlo, para lograr que cayera en su trampa. El enemigo siempre va a mover sus tentáculos malignos para tentarnos cuando observa una visible necesidad natural o humana. Después de cuarenta días de ayuno, era razonable que Jesús tuviera hambre. El diablo conociendo esa necesidad que tiene el ser humano de satisfacer su cuerpo físico con alimento, lo tentó por ahí.

Nota algo interesante: Jesús no fue al desierto dirigido por el diablo. La Biblia nos aclara que el Espíritu Santo fue quien lo llevó después que Juan lo bautizara. Todo esto fue con el propósito de que se fortaleciera como hombre en ayuno y oración, a fin de comenzar su ministerio terrenal. Todos tenemos que fortalecernos en Dios para poder llevar un ministerio adelante o para vivir una vida espiritual victoriosa. Es obvio que esto no le agrada al enemigo y, al igual que hizo con Jesús, se te opondrá para tratar de frenarte y dirigirá su tentación a tu debilidad, a esa parte de tu vida que da muestras de estar hambrienta. Quizá se trate de algo que no sea lícito ni agradable a los ojos de Dios.

Siguiendo el hilo de la tentación, vemos que Jesús no trató de dialogar con Satanás ni intentó explicarle nada, sino que solo le contestó con la Palabra: «Escrito está: No sólo de pan vivirá el hombre, sino de toda palabra que sale de la boca de Dios» (Mateo 4:4).

Segunda tentación: «Si eres Hijo de Dios, échate abajo»

Cuando el enemigo vio que Jesús le refutó la tentación con la Palabra, dispuso su segunda tentación usando la Palabra. El diablo es muy astuto, y sabe usar la Palabra de Dios para engañarnos y confundirnos en la tentación. Con claridad vemos cómo usó la Palabra tergiversándola un poco para hacer que Jesús hiciera lo que le sugería:

> Entonces el diablo le llevó a la santa ciudad, y le puso sobre el pináculo del templo, y le dijo: Si eres Hijo de Dios, échate abajo; porque escrito está: A sus ángeles mandará acerca de ti, y, en sus manos te sostendrán, para que no tropieces con tu pie en piedra.
>
> Mateo 4:5

Si nos fijamos bien, este pasaje lo sacó del Salmo 91, pero lo hizo fuera de contexto. Lo que este salmo nos dice es lo siguiente: «A sus ángeles mandará acerca de ti, que te guarden en todos tus caminos. En las manos te llevarán, para que tu pie no tropiece en piedra» (Salmo 91:11-12). Por lo tanto, vemos que el diablo omitió a propósito la frase «que te guarden en todos tus caminos».

El Salmo 91 es un salmo de protección, pues tiene promesas para la vida diaria del creyente. Sin embargo, de manera muy astuta, el diablo eliminó el motivo de esta promesa y prescindió del dato principal que expone por qué Dios envía sus ángeles a nuestro lado. Cuando la Biblia dice: «A sus ángeles mandará acerca de ti, que te guarden en todos tus caminos», es evidente que está diciendo que los ángeles ministradores vendrán a ayudarnos y protegernos en nuestro andar diario donde enfrentamos las luchas con los espíritus satánicos. De modo que en ningún momento está diciendo que los ángeles vendrán solo para satisfacer nuestro ego, ni para hacer un espectáculo, ni mucho menos para obedecer los deseos malignos del diablo.

Debemos tener siempre presente que esta es una de las enseñanzas que Jesús nos dio de manera gráfica, a fin de mostrarnos que el diablo sabe usar la Palabra para confundirnos y lograr que hagamos su voluntad. Necesitamos conocer la Palabra de Dios para poder darnos cuenta cuándo el diablo la usa fuera de contexto para confundirnos y engañarnos. Hay muchos lobos rapaces por ahí que emplean la Palabra fuera de contexto para engañar a las personas con sus falsas doctrinas.

En esta tentación, Jesús nos enseñó que la Palabra de Dios no se toma en vano, así que Él reprendió al diablo con la misma Palabra y le dijo: «Escrito está también: No tentarás al Señor tu Dios» (Mateo 4:7). Y aquí encontramos otra enseñanza para nuestra vida diaria: la tentación se resiste con la Palabra de Dios como hizo Jesús.

Tercera tentación: «*Todo esto te daré, si postrado me adorares*»

La tercera tentación nos avisa que el diablo no se resigna a perder con facilidad. Cuando emprende una tentación, va a la carga las veces que sean necesarias para derrotarnos. Por esta causa el apóstol Santiago nos dice:

> Someteos, pues, a Dios; resistid al diablo, y huirá de vosotros.
>
> Santiago 4:7

La palabra «resistir» nos sugiere la idea de que la batalla en la tentación puede tomar tiempo. Lo importante en la pelea es someterse a Dios con el propósito de poder resistir al diablo con la Palabra.

Ahora bien, si nos damos cuenta, la tercera tentación el diablo la dirigió a la ambición humana, a lo que deslumbra al ser humano. Con orgullo, el diablo le recuerda a Jesús que él era el príncipe de este mundo y que se le había dado el gobierno de la tierra. Por tanto, le podía dar todo lo que ofrece el mundo si le rendía honor. Aquí le salió su deseo frustrado que tuvo antes en el cielo de ser como Dios y recibir toda la adoración.

Lo lamentable es que esta tentación es la que cautiva a muchos. Son tentados en lo natural con los placeres que ofrece el mundo, y es triste reconocer que por la ambición de tener dichos placeres muchos caen en el lazo satánico.

El diablo tentó a Jesús con las cosas que seducen y debilitan a cualquier hombre. Sin embargo, lo cierto es que Jesús fue tentado en todo, pero sin pecado. Por eso puede ayudarnos cuando clamamos, debido a que Él mismo pasó por la tentación y la venció:

> Porque no tenemos un sumo sacerdote que no pueda compadecerse de nuestras debilidades, sino uno que fue tentado en todo según nuestra semejanza, pero sin pecado.
>
> Hebreos 4:15

Si te fijas en este punto de la tentación, Jesús por primera vez llama al tentador por su nombre, Satanás. Lo desenmascara y le ordena con toda autoridad: «Vete, Satanás, porque escrito está: Al Señor tu Dios adorarás, y a él sólo servirás» (Mateo 4:10).

El diablo presumiendo ser muy sabio y fanfarroneando conocer la Palabra de Dios, pasó por alto un detalle muy importante: Estaba hablando con la Palabra misma, pues Jesús es la Palabra de Dios encarnada. ¡Aleluya!

> En el principio era el Verbo, y el Verbo era con Dios, y el Verbo era Dios.
>
> Juan 1:1

Que no te quede dudas, el diablo que levantó a los fariseos en contra de Jesús, el que lo tentó en el desierto, sigue siendo el mismo ser malévolo, el mismo tentador asesino y mentiroso que nos tienta a nosotros en este tiempo presente. Además, la mentira sigue siendo su táctica favorita para hacer caer al hombre y la mujer en desobediencia.

EL ENGAÑO CUESTA CARO

No debe tomarnos por sorpresa que el diablo la arremeta en contra de todos los creyentes al presentarles un cuadro de mentiras con matices de verdad para engañarlos, robarlos y destruirlos por completo. Solo el creyente que esté arraigado en la Palabra, y conozca bien el mandamiento de Dios, podrá identificar el engaño que el diablo le presente. Entonces, con sabiduría y poder podrá hacerle frente haciendo callar la voz del maligno por la Palabra escrita de Dios.

Ahora bien, si no somos capaces de discernir el asecho del diablo para engañarnos, nos puede costar muy caro. El rey David tuvo una experiencia desagradable con el experto en el oficio de engañar. Como resultado, Satanás lo atacó para pecar contra Dios, como vemos en este pasaje:

> Pero Satanás se levantó contra Israel, e incitó a David a que hiciese censo de Israel.
>
> 1 Crónicas 21:1

La Biblia nos dice con claridad que el diablo se levantó contra Israel e incitó a David para que hiciera algo que Dios no le había mandado. Lo interesante es que David no supo discernir de dónde procedía el deseo de querer censar al pueblo. No sabemos por qué este acto de censar al pueblo fuera tan ofensivo, pero sí se nos afirma que este fue un hecho desagradable a los ojos de Dios. Aunque a ciencia cierta no lo sabemos, quizá el diablo ya estuviera trabajando con pensamientos de orgullo por tantas victorias y tratara que David pusiera su confianza en el ejército militar.

Lo cierto es que el entendimiento de David se entorpeció y no veía lo que le decía su capitán del ejército, Joab. Solo quería ver

Mentiroso y asesino

cumplido su deseo sin imaginar quién estaba detrás de ese deseo. Esta insensibilidad espiritual de David les costó la vida a setenta mil hombres del pueblo de Israel por el castigo de Jehová al acto impulsivo del rey.

Muchos son los que han caído en las redes del engaño del diablo porque la astucia que este tiene para embaucar los cautiva y los impulsa a hacer las cosas sin consultarlas con Dios. Les ciega por completo el entendimiento para no reflexionar y no los deja ver el error que van a cometer.

CUANDO NO ENTENDEMOS LAS COSAS

Recordemos que en Juan 8:44 Jesús abiertamente nos habla de aquel ser perverso que trabaja con el mal, el cual es asesino y mentiroso, pues es el padre de la mentira y no hay verdad en él. Su misión es la de entenebrecer el entendimiento para que caigamos en su trampa. El diablo es un ser malévolo que solo desea la destrucción del ser humano. Así que usa toda la maldad que él mismo introdujo en el mundo cuando hizo al hombre pecar para llevar al resto de la humanidad a poner sus ojos en el mal y culpar a Dios por esto. Es más, el diablo crea circunstancias adversas que corroboren las dudas que él mismo siembra en el corazón del creyente, para que por estos hechos juzguen que en realidad no hay salida a sus problemas y crean que Dios los abandonó.

Si recordamos la historia de Job, encontramos que todo lo que le sobrevino aparentemente era por motivo de desastres naturales, accidentes o infortunios, tal como se narra en este pasaje de la Escritura:

> Y vino un mensajero a Job, y le dijo: Estaban arando los bueyes, y las asnas paciendo cerca de ellos, y acometieron los sabeos y los tomaron, y mataron a los criados a filo de espada; solamente escapé yo para darte la noticia. Aún estaba éste hablando,

cuando vino otro que dijo: Fuego de Dios cayó del cielo, que quemó las ovejas y a los pastores, y los consumió; solamente escapé yo para darte la noticia. Todavía estaba éste hablando, y vino otro que dijo: Los caldeos hicieron tres escuadrones, y arremetieron contra los camellos y se los llevaron, y mataron a los criados a filo de espada; y solamente escapé yo para darte la noticia. Entre tanto que éste hablaba, vino otro que dijo: Tus hijos y tus hijas estaban comiendo y bebiendo vino en casa de su hermano el primogénito; y un gran viento vino del lado del desierto y azotó las cuatro esquinas de la casa, la cual cayó sobre los jóvenes, y murieron; y solamente escapé yo para darte la noticia.

Job 1:14-19

A los ojos de Job, todas estas calamidades apuntaban a que eran producto de la mano de Dios, ya que nadie podía tener el control de los desastres naturales, sino solo Él. Por si fuera poco, a Job le sobrevino una horrible enfermedad en su piel. De modo que no podía entender por qué Dios hacía todo esto cuando él era un hombre justo, temeroso de Dios y apartado del mal.

Sin embargo, aunque todo este sufrimiento lo provocó el diablo, esta verdad estaba encubierta a los ojos de Job. Solo veía con sus ojos físicos las circunstancias, los desastres naturales, la enfermedad, la muerte de sus hijos, el dolor. Su mente ensombrecida por los hechos lo hacían pensar que Dios lo había causado todo y no lo entendía. Cuando Job habló con Dios al final de su libro, dijo:

¿Quién es el que oscurece el consejo sin entendimiento? Por tanto, yo hablaba lo que no entendía; cosas demasiado maravillosas para mí, que yo no comprendía. Oye, te ruego, y hablaré; te preguntaré, y tú me enseñarás. De oídas te había oído; mas ahora mis ojos te ven.

Job 42:3-5

Mentiroso y asesino

Cuántas veces nosotros también, en medio del tumulto de pruebas que nos sobrevienen, nos sentimos ahogados por las circunstancias adversas y en nuestra mente no hay otra pregunta que: «¿Dónde está Dios?». Lo cierto es que las circunstancias adversas que nos rodean son un hecho innegable, puesto que las cosas no marchan bien. El diablo es el causante de todo el mal que nos rodea. Es el que crea situaciones difíciles y espantosas para hacer que el hombre reniegue de Dios. Hace que los seres humanos pongan sus ojos en el mal, en lo que no entienden. Esta es un arma infalible que el diablo ha usado para separar al hombre de Dios y llevar a muchos al ateísmo. El *Diccionario Bíblico Ilustrado* nos da esta definición sobre el mal:

> El mal no es «algo» que tenga existencia de una manera positiva, sino la deterioración de algo bueno o su ausencia. La rebelión (mal) toma el lugar de la obediencia. La desconfianza (mal) toma el lugar de la comunión. Así, el mal es algo *negativo*, y solo existe en relación con el bien, que procede de Dios, y que sí existe sin necesidad de existencia de mal alguno[2].

No debemos olvidar que el diablo se deterioró cuando se rebeló en contra de Dios y perdió todo lo bueno que Él le puso en su vida. Ahora el diablo es el mal personificado y un feroz enemigo de Dios y, por consiguiente, nuestro también. En hebreo, la palabra que se usa para Satanás significa «adversario», o sea, «enemigo, contrincante». En el libro de Job se nos presenta a este enemigo con toda su maldad que aflige y trae todo tipo de mal y sufrimientos. Dios, en su infinita misericordia, hizo escribir todos estos hechos para que nosotros hoy tuviéramos un conocimiento pleno sobre nuestro adversario y para que no estuviéramos ajenos a cómo actúa nuestro contrincante.

El propósito del diablo al afligir a Job era lograr que blasfemara en contra de Dios al no entender lo que le sucedía. Hoy en día, seguimos enfrentando a este mismo adversario que es mentiroso y asesino, y quien a través de sus artimañas, se nos opone trayendo toda clase de mal que no entendemos, a fin de tratar que culpemos a Dios por lo que nos sucede.

La Biblia declara que Dios es el creador del destruidor, como nos dice este pasaje:

> Y yo he creado al destruidor para destruir.
>
> Isaías 54:16

Sin embargo, es importante recordar que Él no quiere el mal para el ser humano. Por el contrario, cuando el hombre pecó, Él proveyó el plan de salvación enviando a su único Hijo a morir por los pecados de toda la humanidad. Si bien es cierto que en ocasiones Dios permite que el mal toque a algunos de sus hijos para probarlos o madurarlos a través del dolor, también es cierto que Él no los deja solos en la aflicción. Por lo tanto, en medio del valle de lágrimas en que se encuentren, Él estará presente a su lado, tal como Él mismo lo prometió:

> Cuando pases por las aguas, yo estaré contigo; y si por los ríos, no te anegarán. Cuando pases por el fuego, no te quemarás, ni la llama arderá en ti. Porque yo Jehová, Dios tuyo, el Santo de Israel, soy tu Salvador.
>
> Isaías 43:2-3

Terminando este capítulo solo nos resta decir: Por más que quiera el hombre en su ignorancia culpar a Dios, Él no es el causante del mal. Dios es bueno. En la epístola de Santiago leemos:

> Toda buena dádiva y todo don perfecto desciende de lo alto, del Padre de las luces, en el cual no hay mudanza, ni sombra de variación.
>
> Santiago 1:17

Mentiroso y asesino

Por tanto, no nos dejemos engañar, el único responsable por todo el mal y toda la maldad que existe en el mundo, así como por todo lo malo que nos sucede a nosotros aunque no lo entendamos, es el diablo, pues es mentiroso y homicida desde el principio.

Notas

1. Earl D. Radmacher, Roland B. Allen, H. Wayne House, *Nuevo Comentario Ilustrado de la Biblia*, según nota de Juan 8:44-47, Grupo Nelson, 2002, p. 1304.
2. Samuel Vila, *Diccionario Bíblico Ilustrado*, Editorial Clie, Terrassa, Barcelona, España, 1985, p. 704.

*El reino de los cielos sufre violencia,
y los violentos lo arrebatan.*

MATEO 11:12

Capítulo 6

EL CHOQUE DE PODERES

El gran conflicto comienza a manifestarse de inmediato cuando reconocemos que somos pecadores que estamos perdidos y nos volvemos a Dios. Es más, el problema surge en cuanto nos unimos a Cristo porque «Dios es luz, y no hay ningunas tinieblas en él» (1 Juan 1:5).

LA PUGNA ENTRE LA LUZ Y LAS TINIEBLAS

Si algo podemos constatar en el mundo físico es que la luz y las tinieblas no concuerdan, son opuestas, son como el aceite y el vinagre, pues no se mezclan. Donde hay luz no pueden estar las tinieblas, y donde hay tinieblas está ausente por completo la luz. En otras palabras, donde está Cristo no hay cabida para oscuridad alguna, pues Él es luz. En cambio, donde no está Cristo, las tinieblas son densas y horrendas.

> La luz en las tinieblas resplandece, y las tinieblas no prevalecieron contra ella.
>
> Juan 1:5

El *Nuevo Comentario Ilustrado de la Biblia* nos aclara lo siguiente acerca de este pasaje:

> **1.5 La luz en las tinieblas resplandece:** Cristo entró en este mundo de tinieblas para darle luz espiritual (Is 9.2). La palabra traducida **prevalecieron** puede significar (1) asirse de; (2) dominar a; o (3) entender. Por lo tanto, este versículo puede significar que las tinieblas no pueden asirse de forma positiva o entender la luz, o que las tinieblas no dominaron de manera negativa a la luz. Ambas declaraciones son verdaderas. Los seres humanos no se apropiaron de la luz ni la entendieron, tampoco la alcanzaron ni la dominaron. Aunque Satanás y sus fuerzas se resisten a la luz, no pueden desbaratar su poder. En resumen, Jesús es vida y luz; los que lo aceptan son «hijos de luz» (12.35, 36). Como la creación de la luz fue el comienzo de la creación original (Gn 1.3), entonces cuando los creyentes reciben la luz, llegan a ser parte de la nueva creación (2 Co 4.3-6)[1].

La luz de Dios resplandece en nosotros por medio de la vida de Cristo, Pablo nos lo aclara muy bien:

> Porque Dios, que mandó que de las tinieblas resplandeciese la luz, es el que resplandeció en nuestros corazones, para iluminación del conocimiento de la gloria de Dios en la faz de Jesucristo.
>
> 2 Corintios 4:6

Sin lugar a dudas, por la Palabra queda manifiesto a todos que la presencia de Dios es esa luz que resplandece en medio de la oscuridad. Cuando esa gloriosa luz que es la presencia de Dios en la vida de un creyente se enfrenta a la presencia demoníaca que habita en los que no creen, se desarrolla una batalla espiritual. La luz de Cristo que emana de la vida de un creyente alumbra las malas obras en las vidas de quienes viven en tinieblas, las pone al descubierto, y esto les molesta. Por esa causa el diablo los levantará en guerra contra el creyente para tratar de apartarlo de la luz, pues está invadiendo su territorio y puede resultarle peligroso para sus malvados planes:

> Porque todo aquel que hace lo malo, aborrece la luz y no viene a la luz, para que sus obras no sean reprendidas.
>
> Juan 3:20

A las personas que practican la maldad no les gusta que las pongan en evidencia por su comportamiento. Tampoco a los demonios les gusta que se les descubra que tienen atadas a estas personas al pecado. Por esa causa, la luz que hay en un creyente nacido de nuevo choca con el entorno de tinieblas que lo rodea, pues la presencia de Cristo produce un severo aborrecimiento en las huestes de maldad que habitan en el mundo y en las personas esclavizadas por estos dominios malignos. Como resultado, se produce un choque de poderes entre los dos reinos: el reino de Dios y el reino de las tinieblas.

LA BATALLA POR TU CORAZÓN

Nosotros no vemos el enfrentamiento de Dios con el reino de las tinieblas debido a que se efectúa en el mundo espiritual. Con todo, sí podemos ver y sentir la oposición que se levanta contra nosotros en el mundo físico. El choque de poderes entre los dos reinos desata una gran batalla espiritual que se podrá resistir y vencer de acuerdo a donde caiga la semilla de fe en el terreno de nuestro corazón.

Si vamos a la Palabra de Dios, en el Evangelio de Lucas capítulo ocho, nos damos cuenta de que cuando Jesús narró la parábola del sembrador, habló de varios terrenos donde podía caer la semilla de fe. En esta parábola se nos muestra que el sembrador desea tener una cosecha «a ciento por uno» (Marcos 4:20), puesto que la semilla la sembró en todos los terrenos.

Si ponemos atención a la manera en que trabajan los agricultores en nuestro mundo, nos percatamos que labran el terreno y lo siembran por igual. Labran la tierra con entusiasmo y siembran la semilla esperando tener una fructífera cosecha de todo lo que plantaron. De igual modo, el Sembrador de sembradores de quien habló Jesús en Lucas, también desea tener una cosecha completa de sus cuatro terrenos.

Los cuatro terrenos son importantes para el labrador. El porcentaje que desea y espera tener por la cosecha de estos cuatro terrenos nos da un total del ciento por ciento. Si dividimos dicho porcentaje entre los cuatro terrenos, vamos a tener veinticinco por ciento por cada uno. Lo triste es que a pesar de que el agricultor siembra la semilla en los cuatro terrenos por igual, debido a la diferencia en los terrenos no puede lograr tener una cosecha completa. La Biblia nos dice con claridad que el sembrador solo recoge fruto de un terreno. Por lo tanto, su cosecha es de solo un veinticinco por ciento.

LOS TERRENOS PARA LA SIEMBRA

Así como los sembradores terrenales enfrentan plagas, sequías o inundaciones que pueden impedirles recibir una buena cosecha por su siembra, el Sembrador celestial enfrenta a un enemigo que trata de oponerse para que la cosecha no sea buena y completa. Ese enemigo se opone usando a las religiones y cultos falsos existentes, se opone con los placeres que el mismo ofrece en el mundo, se opone por medio de cualquiera que vea que puede usar para impedir que fructifique la semilla de fe. Cuando leemos la parábola del sembrador, encontramos que Jesús habló en específico de cuatro terrenos. Estos son:

1. Junto al camino.
2. Sobre la piedra.
3. Entre espinos.
4. Buena tierra.

Si ponemos atención a la parábola, vemos que nos enseña que el diablo viene a cada uno de los terrenos para robar la semilla, a fin de tratar de impedir que germine para dar una cosecha.

 Terreno junto al camino
De la semilla que cayó junto al camino Jesús dice de forma abierta que el diablo viene y se la roba: «Y los de junto al camino son los que oyen, y luego viene el diablo y quita de su corazón la palabra, para que no crean y se salven» (Lucas 8:12).

 Terreno sobre la piedra
Cuando Jesús habla de la semilla que cayó sobre la piedra, se refirió a quienes reciben la Palabra, pero en el calor de la prueba se apartan. Estos son a los que el diablo se les opone con diferentes tipos de tribulaciones para hacer que desistan: «Los de sobre la piedra son los que habiendo oído, reciben la palabra con gozo; pero éstos no tienen raíces; creen por algún tiempo, y en el tiempo de la prueba se apartan» (Lucas 8:13).

 Terreno entre espinos
La semilla que cae entre espinos también tiene persecución, aunque de un modo diferente. Estas son las personas a las que el diablo deslumbra por sus debilidades, dinero, fama, y más: «La que cayó entre espinos, éstos son los que oyen, pero yéndose, son ahogados por los afanes y las riquezas y los placeres de la vida, y no llevan fruto» (Lucas 8:14).

 Terreno de buena tierra
La semilla que cae en buena tierra sí da frutos. La semilla echa raíces, y aunque sufre persecución como las demás, crece y lleva fruto al perseverar en la Palabra: «Mas la que cayó en buena tierra, éstos son los que con corazón bueno y recto retienen la palabra oída, y dan fruto con perseverancia» (Lucas 8:15).

RESULTADOS DE LA SIEMBRA

Como podemos ver, en cualquier tipo de terreno que caiga la semilla de fe, que es la Palabra de Dios, va a haber conflictos espirituales: «El reino de los cielos sufre violencia, y los violentos [valientes] lo arrebatan» (Mateos 11:12).

Aún me acuerdo de una amiga que tuve que no era cristiana. Una tarde, mientras conversábamos, le hablé del amor de Dios y de lo que hizo el Señor en la cruz por nosotros. Con humildad y sinceridad, mi amiga recibió con lágrimas en sus ojos a Jesús en su corazón y se fue para su casa muy contenta. Al llegar a su casa, comenzó la oposición espiritual. Cuando contó las nuevas de salvación, se produjo un choque de poderes. Mi amiga se encontró con una negativa rotunda de su mamá, quien le dijo que la única religión verdadera era la que ellos profesaban y, por lo tanto, no podía haber decidido otra cosa. Después de esto, nunca pude lograr que visitara nuestra iglesia. En este caso, la semilla de fe cayó en un terreno junto al camino, y le robaron la semilla del corazón, tal como dijo Jesús en la parábola del sembrador:

> Y los de junto al camino son los que oyen, y luego viene el diablo y quita de su corazón la palabra, para que no crean y se salven.
>
> Lucas 8:12

La semilla que yo sembré la hoyaron, pisotearon, y vinieron las aves del cielo y se la comieron (Lucas 8:5). Mi amiga recibió la Palabra con gozo, pero no tuvo las fuerzas para resistir el choque de poderes, y el malo vino y quitó con rapidez la semilla de su corazón. Así que ella volvió a su antigua posición. ¡Esto es guerra espiritual! Esto es un choque de poderes donde espíritus demoníacos se opusieron a la conversión de ella y usaron a su mamá para frenarla.

A diferencia de mi amiga, hay muchas semillas que caen en una tierra buena y perseveran dando frutos a pesar de los férreos ataques

El choque de poderes

de los espíritus religiosos que se levantan en su contra. Quizá tu misma conversión a Cristo sea un ejemplo palpable de lo que estoy hablando.

En la actualidad, hay muchos cristianos alrededor del mundo sufriendo una persecución feroz por parte de espíritus malignos que operan por detrás de las diferentes religiones o cultos existentes en el mundo. Todo esto lo hacen con el propósito de arrancarles la semilla de fe a los cristianos mediante la violencia, las amenazas y la persecución.

Una conversión tremenda e impactante fue la del Rvdo. S. Paul Ibobi, director de nuestro ministerio en la India y toda Asia. Cuando le conocimos en la India en 1999, nos contó su testimonio de cómo conoció a Cristo. El Rvdo. Paul nos comentó que creció en una familia que pertenecía y practicaba la religión hindú. Por consiguiente, nunca había oído hablar nada acerca de Jesús. En cierta ocasión, ya siendo un hombre adulto y casado, en una de sus piernas le salió una llaga que crecía día a día y no había forma de curarla. Ya había visto a varios médicos y nadie podía hacer nada por él. Era tan desesperante y caótica su situación con esta llaga, que yacía postrado en una cama sin poder caminar.

Un día, cuando se encontraba en su cuarto postrado, triste y desahuciado, lejos de imaginar lo que verían sus ojos, recibió una impresionante visita. Por la puerta de su cuarto entró la persona más maravillosa y sublime que ojos humanos han podido contemplar. Se trataba del Rey de reyes y Señor de señores que vino a visitarlo. Cuenta que esta Majestuosa presencia inundó su cuarto con paz y le dijo: «Yo soy Jesús».

Este maravilloso encuentro cambió su vida. Su conversión fue instantánea y total. Su llaga se sanó, sus pecados recibieron perdón y nació a una nueva vida con Cristo. Las cosas viejas pasaron, y ahora todo era nuevo para él. Conoció al Hijo de Dios, estuvo cara a cara con el Cordero que fue inmolado, pero que he aquí vive y reina para siempre. ¡Aleluya!

El hermano Paul se levantó gozoso, transformado, diferente, hablando de Jesús y testificando que Él lo sanó. De inmediato, en medio de la euforia y alegría del hermano por recibir la sanidad, por poder caminar de nuevo y sobre todo por conocer al verdadero Dios, se levantó el espíritu que opera en las religiones falsas, espíritu de religiosidad, espíritu de engaño, espíritu de error. Usando a su propia familia, la arremetieron contra él, su esposa e hijos. Así que sus padres lo abandonaron y sus hermanos le dieron la espalda. Lo botaron de la casa, lo perdió todo, quedándose sin un lugar donde vivir.

Sin embargo, el hermano Paul no se intimidó. Aquí la semilla de fe, a diferencia de mi amiga, cayó en buena tierra. El terreno de su corazón era de buena tierra y la semilla sembrada iba a dar fruto. En seguida y con mucho gozo, a pesar de las circunstancias, buscó una iglesia evangélica, comenzó a prepararse, se bautizó, estudió en un colegio bíblico y desde entonces está sirviendo a nuestro buen Dios.

El diablo siempre se va a levantar en oposición de quien se acerca a Dios. Como dijimos antes, tratará de robar la semilla de fe y pondrá en marcha su artillería pesada en contra del nuevo creyente. ¡Esto no es otra cosa que guerra espiritual!

La familia del hermano Paul, ciegos por completo a la verdad del evangelio, ni siquiera tuvo en cuenta su sanidad. Quizá pensaran que hacían bien porque crecieron en esa religión, pues ni por un momento sospecharon que todo el mal que le hacían a Paul lo dirigía Satanás.

LA ACTIVIDAD DEMONÍACA

El apóstol Pablo nos enseña que nuestra lucha no es contra sangre y carne, sino contra los seres demoníacos que operan a través de los seres humanos. Las personas del mundo, o las que están involucradas en religiones o cultos falsos, no saben que por detrás está la presencia

El choque de poderes

demoníaca. Están ciegos, engañados y no pueden ver su error. La Biblia nos dice:

> Pero si nuestro evangelio está aún encubierto, entre los que se pierden está encubierto; en los cuales el dios de este siglo cegó el entendimiento de los incrédulos, para que no les resplandezca la luz del evangelio de la gloria de Cristo, el cual es la imagen de Dios.
>
> 2 Corintios 4:3-4

En los cultos de estas religiones, las personas se vuelven tan fanáticas que no les importa abandonar, echar a la calle y hasta matar en nombre de su religión a su propia familia. Sienten que hacen lo que deben al defender su religión si sus familiares ya no quieren practicar dicha religión o culto. Están ciegos a la verdad y, en su ignorancia espiritual, creen que le prestan un buen servicio al dios que adoran.

La guerra que libramos no es contra personas como nosotros de carne y hueso. Debemos ser conscientes que nosotros enfrentamos enemigos espirituales y estos utilizan a personas para llevar a cabo sus malévolos planes. Claro, no debemos enfocar nuestra guerra en contra de las personas que tal vez se estén oponiendo ni tampoco debemos hacerles frente. Aunque son a quienes vemos, no son nuestros verdaderos enemigos. Nuestros verdaderos enemigos son los espíritus malignos que están por detrás de las acciones de los humanos. Por eso Pablo, en su carta a la iglesia de Éfeso, nos muestra que nuestros enemigos en la guerra espiritual son el diablo y sus huestes malignas:

> Porque no tenemos lucha contra sangre y carne, sino contra principados, contra potestades, contra los gobernadores de las tinieblas de este siglo, contra huestes espirituales de maldad en las regiones celestes.
>
> Efesios 6:12

Si bien hemos citado el caso de la guerra que libran los nuevos convertidos, es necesario que seas consciente de que el diablo no solo se levanta en guerra en tu contra. Tiene divididas sus fuerzas demoníacas para atacar a todo creyente, tanto a nuevos como a los de muchos años en el Señor. El choque espiritual no se efectúa solo con el creyente y la gente que está en el mundo, sino que lo vemos también entre los verdaderos creyentes y entre quienes estando dentro de la iglesia tienen una connotación satánica en sus vidas.

LA IGLESIA Y SUS TERRENOS

Es bueno puntualizar que la parábola del sembrador no solo se aplica en las campañas evangelísticas cuando se siembra la semilla para conocer a Cristo. Esta parábola se aplica del mismo modo a los llamados creyentes que integran la Iglesia del Señor. Por ese motivo, dentro de la iglesia encontramos terrenos diferentes donde también ocurre el choque de poderes.

La iglesia del Señor sufre conflicto y persecución tanto por los de afuera como por los de adentro. Cuando el Espíritu Santo le da al pastor la estrategia para impactar el mundo de las tinieblas y ganar almas, el diablo no solo va a levantar a los espíritus que gobiernan la ciudad o el barrio donde están situados, sino que levanta a los instrumentos que tiene dentro de la iglesia en los terrenos estériles para hacer guerra en la propia iglesia. Este levantamiento de guerra que se produce en contra del pastor y del liderazgo de la iglesia no es otra cosa que un choque de poderes.

La iglesia y el terreno junto al camino

A la iglesia viene mucha gente, pero no todos son de buena tierra. Hay los que están junto al camino que vienen, oyen la Palabra, pero en cuanto salen de allí, el diablo les arrebata la semilla sembrada y nunca más regresan.

La iglesia y el terreno sobre piedras

Dentro de la iglesia encontramos también el terreno sobre piedras. Estos son los que vienen a la iglesia, pero por más que oyen la Palabra, no consiguen echar raíces. Lo que sucede es que son solo oidores, pero no hacedores de la Palabra de Dios, tal como se nos enseña en la epístola de Santiago: «Pero sed hacedores de la palabra, y no tan solamente oidores, engañándoos a vosotros mismos» (1:22).

Los que forman parte de este terreno pedregoso no tienen la fuerza de Dios en sí mismos, pues aunque oyen, no prestan atención, mucho menos lo atesoran para ponerlo por obra a fin de vivir y caminar de acuerdo a la enseñanza de la Palabra. Están en la iglesia, pero la iglesia no está en ellos. Son de mal testimonio a la causa de Cristo por su conducta, pues tienen un pie en la iglesia y otro en el mundo.

Estos pueden recibir lloviznas espirituales en un culto, donde gritan y saltan, pero solo es ruido. Sus corazones están llenos de las piedras de incredulidad. La sequía espiritual que llevan en sus corazones es tan grande que la Palabra que oyen no puede germinar, sino que se seca. Al estar secos, espiritualmente hablando, el enemigo los usa para molestar el crecimiento de la obra de Dios. Como resultado, se enredan en contiendas levantando una atmósfera de chismes, peleas y enemistades para amedrentar a los hermanos. Lo lamentable es que a estos creyentes del terreno pedregoso el diablo los destruye con facilidad, pues no tienen el poder de Dios para resistir.

La iglesia y el terreno entre espinos

Dentro de la iglesia también están quienes viven entre espinos. Estos son cristianos carnales. Quieren vivir de acuerdo a los dictámenes del mundo y no según la Palabra de Dios. Se olvidan que la Biblia enseña que todo el que quiera ser amigo del mundo se constituye en enemigo de Dios (Santiago 4:4).

Para estos, todas las cosas se resuelven de acuerdo a lo físico y no pueden discernir lo espiritual. No pueden dar frutos debido a que solo quieren reconocimiento y sentarse en las primeras sillas, pues desean lo terrenal. Además, son egoístas, orgullosos, y se comprometen con el mundo para no sufrir persecución. Con su falta de conocimiento en la Palabra, con su humanismo y carnalidad, suelen amedrentar a los que están en buena tierra para arrebatarles la fe.

A estos terrenos estériles Jesús los calificó como cizaña. Están junto con el trigo, pero no son trigo. Quizá se parezcan en algo al trigo, pero no son iguales. Crecen juntos, pero de seguro que los apartarán en el día de la siega:

> Dejad crecer juntamente lo uno y lo otro hasta la siega; y al tiempo de la siega yo diré a los segadores: Recoged primero la cizaña, y atadla en manojos para quemarla; pero recoged el trigo en mi granero.
>
> Mateo 13:30

Estos malos terrenos con apariencia de ser muy espirituales son los que causan divisiones, hablan de los siervos de Dios, sobre todo del pastor local. Su misión es impedir el mover de Dios. Critican todo lo que se hace, y ponen resistencia para hacer pesada la obra de crecimiento. Aquí el choque de poderes es inevitable y constante. Eso se debe a que la luz brilla en los corazones de los de buena tierra. Por lo tanto, esto incomoda a quienes tienen terrenos estériles, pues alumbran sus malas obras quedando al descubierto su sequedad espiritual.

La iglesia y el terreno de buena tierra

Sin embargo, gloria a Dios que existe un pueblo que es tierra fértil, donde la semilla sembrada crece y lleva mucho fruto. Estos son perseverantes y fieles. Están arraigados en la Palabra y son firmes dando frutos a pesar de la persecución demoníaca para hacerlos desistir de su fe. Esta buena tierra se deleita en meditar en la Palabra, conoce a su Dios y tiene discernimiento para saber cómo trabaja el enemigo. No temen, sino que saben pelear la buena batalla de la fe.

El choque de poderes

Los ataques satánicos para los creyentes de buena tierra son constantes. El reino de las tinieblas los bombardea de día y de noche. El choque de poderes entre el creyente lleno del Espíritu de Dios y las huestes demoníacas se produce en todo lugar y en todo tiempo.

Si el creyente comienza a orar por alguna necesidad poniendo su fe en acción creyendo que lo recibirá, esta fe provocará de inmediato un choque de poderes con las huestes espirituales de maldad. Los espíritus demoníacos levantarán una atmósfera de incredulidad alrededor del creyente, y usarán a familiares, amigos y hasta a otros creyentes para bombardearlos con ideas y testimonios que digan lo contrario para derribar su fe.

LA ORACIÓN POR PROSPERIDAD

Si el creyente está orando por un aumento de salario o por prosperidad en sus finanzas, en seguida las noticias que le llegarán serán contrarias a lo que está pidiendo. El enemigo es elocuente en sus mentiras. Siempre usará a alguien para que vaya y socave la fe del creyente. Enviará a algún emisario y este, con aires de muy espiritual, le dirá que desear la prosperidad es avaricia, recordándole que la raíz de todos los males es el amor al dinero. Lo atemorizará diciendo que si le pide al Señor que lo prospere, estaría amando al dinero más que a Dios. ¡Eso es mentira del diablo! Esas son enseñanzas diabólicas para robarnos las bendiciones que nos quiere conceder nuestro buen Dios.

La raíz de todos los males es el amor al dinero, pero no el dinero en sí. Todos necesitamos tener una entrada económica para sufragar nuestros gastos. No podemos servir a Dios con alegría si no tenemos comida ni tenemos cómo pagar el alquiler, etc. Hay que ser realistas, cargados de necesidades financieras, nuestra mente estaría llena de preocupaciones y no podríamos gozarnos en el servicio al Señor.

Ten presente que no me refiero a que serás millonario, aunque es posible que algunos alcancen tal prosperidad en sus negocios que puedan llegar a serlo. Lo que estoy diciendo es que Dios quiere que todos seamos prósperos, que tengamos suplidas nuestras necesidades, y que tengamos lo suficiente para que ayudemos a su obra y a los más desafortunados.

Cuando el apóstol Pablo nos dice que la raíz de todos los males es el amor al dinero, se refiere a personas que movidas por la avaricia tienen como meta el enriquecimiento, pues esto es lo que albergan en su corazón. Recordemos lo que Jesús nos enseñó:

> Porque donde esté vuestro tesoro, allí estará también vuestro corazón.
>
> Mateo 6:21

Las personas avariciosas, que solo tienen en su mente y corazón el dinero, hacen caso omiso a la Palabra y no les importa la condición espiritual en que se encuentran. Viven nada más que para su avaricia, y hacen lo que sea necesario con tal de enriquecerse. Por eso es que el apóstol Pablo dice que el amor al dinero es la raíz de todos los males (1 Timoteo 6:10). Cuando leemos el contexto de este versículo, podemos entenderlo mejor:

> Así que, teniendo sustento y abrigo, estemos contentos con esto. Porque los que quieren enriquecerse caen en tentación y lazo, y en muchas codicias necias y dañosas, que hunden a los hombres en destrucción y perdición; porque raíz de todos los males es el amor al dinero, el cual codiciando algunos, se extraviaron de la fe, y fueron traspasados de muchos dolores.
>
> 1 Timoteo 6:8-10

Si nos fijamos, el apóstol comienza el versículo diciendo: «Teniendo sustento y abrigo». La palabra «sustento» equivale también a «sostén o apoyo». En otras palabras, el apóstol dice que teniendo el sostén, el apoyo y la bendición financiera con los cuales cubrir todas las necesidades que puedan aparecer en nuestra vida, estemos

El choque de poderes

contentos. Pablo hace una clara distinción de lo que es la voluntad de Dios para nosotros y lo que es pecado. Es evidente que quienes viven pensando solo en el dinero, caen en lazo de destrucción porque la raíz de todo mal es el amor al dinero. En cambio, la voluntad de Dios es que sus hijos sean prosperados, pues así nos lo dice la Biblia:

> Porque ya conocéis la gracia de nuestro Señor Jesucristo, que por amor a vosotros se hizo pobre, siendo rico, para que vosotros con su pobreza fueseis enriquecidos.
> 2 Corintios 8:9

Si la Palabra nos dice que el Señor Jesús se hizo pobre para que nosotros pudiéramos ser enriquecidos en Él, tenemos que creer que esa es la voluntad de Dios para nosotros. Él quiere que seamos enriquecidos en todas las cosas. El enriquecimiento del que habla aquí incluye: crecimiento espiritual, salud y bendición financiera también, tal como encontramos en la tercera epístola de Juan:

> Amado, yo deseo que tú seas prosperado en todas las cosas, y que tengas salud, así como prospera tu alma.
> 3 Juan 2

Por tanto, no es pecado pedirle a Dios que nos aumenten el salario en el trabajo ni que tengamos prosperidad financiera.

LA ORACIÓN POR SANIDAD

Si el creyente está pidiendo sanidad, los testimonios que le llegarán serán negativos por completo. Oirán historias que le dirán que de esa enfermedad se murieron muchos parientes, que esa enfermedad es hereditaria, que el problema es genético e incurable. Todas estas habladurías vienen con la intención de que el creyente desista de orar y se resigne con su condición. Los espíritus demoníacos usarán todos estos comentarios de manera que el creyente pase por alto que la promesa de sanidad es para todos y para cada tipo de enfermedad, sin importar si es hereditaria o no. Incluso, el diablo levantará a personas para decirle que tenga paciencia, que puede ser que la enfermedad sea la voluntad de Dios para enseñarle algo.

Esto también es mentira del diablo, Dios nunca te mandará que lleves algo que ya cargó Jesús en la cruz. Jesús sufrió mucho para comprar nuestra redención. En la cruz no solo llevó nuestros pecados, sino también nuestras enfermedades. Por su llaga, por sus heridas, fuimos curados. Dios no va a hacer nulo el sacrificio de Jesús para enseñarte una lección. Él puede enseñarte una lección cuando estés en desobediencia a la Palabra, pues la desobediencia misma abrirá la puerta para traer enfermedad. Así que Dios la permite para que te arrepientas de tu rebeldía y regreses al redil. ¡No te dejes engañar! La sanidad es el plan de Dios para todo creyente. Isaías es claro cuando dice:

> Ciertamente llevó él nuestras enfermedades, y sufrió nuestros dolores; y nosotros le tuvimos por azotado, por herido de Dios y abatido. Mas él herido fue por nuestras rebeliones, molido por nuestros pecados; el castigo de nuestra paz fue sobre él, y por su llaga fuimos nosotros curados.
>
> Isaías 53:4-5

Por consiguiente, la voluntad de Dios es que seas sano. La enfermedad vino a causa del pecado, pero Jesús pagó el precio para redimirnos del pecado y para sanarnos de toda enfermedad.

Algunos, quizá digan: «Hermana, de algo hay que morirse». ¡No! Para morirte no necesitas estar enfermo. Cuando Dios quiera llevarte a su presencia, solo te llama, ya sea que estés enfermo o no. Al profeta Elías se lo llevó estando vivo en un carro de fuego. A Enoc también lo arrebató y lo llevó al cielo estando vivo. Dios es grande y poderoso, Él hace lo que quiere sin que nada le estorbe.

A lo mejor, otros digan: «Hermana, muchos hombres de Dios han muerto de diferentes enfermedades». Y esto es verdad. Mi papá, por ejemplo, murió de cáncer. Estas son cosas que no entendemos ni tenemos la respuesta para ello. Sin embargo, aun así, esto no cambia lo que dice la Biblia. La Palabra es clara al decir que Dios quiere que tengamos salud.

Vale la pena que recordemos de nuevo este pasaje:

> Amado, yo deseo que tú seas prosperado en todas las cosas, y que tengas salud, así como prospera tu alma.
>
> 3 Juan 2

Para mí esto es clarísimo, pues este texto expresa la voluntad de Dios para nosotros. Lo que es más, Isaías nos confirma que Cristo pagó por nuestras enfermedades, sufrió nuestros dolores, y especifica muy bien que por su llaga fuimos nosotros curados. Entonces, ¿para qué argumentar? Estos pasajes nos aclaran muy bien el sentir del corazón de Dios al respecto.

LA ORACIÓN POR LA SALVACIÓN DE FAMILIARES

Por otra parte, si el creyente está pidiendo por la salvación de sus familiares, los espíritus demoníacos harán que la atmósfera alrededor de los mismos se torne pesada e imposible de soportar. Aun así, sabemos que la voluntad de Dios es que todos se salven y vengan al arrepentimiento de sus pecados:

> Porque de tal manera amó Dios al mundo, que ha dado a su Hijo unigénito, para que todo aquel que en él cree, no se pierda, mas tenga vida eterna. Porque no envió Dios a su Hijo al mundo, sino para que el mundo sea salvo por él.
>
> Juan 3:16-17

No obstante, los espíritus demoníacos harán que empeore la condición de estos familiares, a fin de que el creyente desista, se desanime y lo venza el cansancio al ver que nada cambia. Los demonios tratarán que el creyente dude si es la voluntad de Dios que sus familiares sean salvos, haciendo que desaparezca su confianza en la promesa que dice: «Cree en el Señor Jesucristo, y serás salvo, tú y tu casa» (Hechos 16:31).

EN RESUMEN

El diablo es malo y siempre va a levantar situaciones adversas y difíciles para que colapse tu fe. Desde el mismo momento en que dispongas tu corazón a creer lo que dice la Palabra, se levantará una ola de incredulidad contraria a lo que estás pidiendo que te dirá: «Nada va a cambiar». ¡No lo creas! ¡No desistas! Lo que está sucediendo es que tu fe está impactando en el reino de las tinieblas provocando un choque de poderes.

No te dejes engañar, hermano. El deseo y la voluntad perfecta de Dios es que seas prosperado en todas las cosas que emprendas, que tengas salud y que seas sano, así como prospera tu alma. Es decir, que tu vida espiritual vaya creciendo, que te fortalezcas en Él y que tus familiares se salven.

> Porque yo sé los pensamientos que tengo acerca de vosotros, dice Jehová, pensamientos de paz, y no de mal, para daros el fin que esperáis. Entonces me invocaréis, y vendréis y oraréis a mí, y yo os oiré; y me buscaréis y me hallaréis, porque me buscaréis de todo vuestro corazón. Y seré hallado por vosotros, dice Jehová
>
> Jeremías 29:11-14

Solo los creyentes que mantengan su mirada fija en Jesús podrán resistir el choque de poderes que producirán los espíritus demoníacos para robarles con sus mentiras. Por lo tanto, solo quienes estén firmes en las promesas del Señor podrán resistir. Solo quienes no escuchen el grito ensordecedor con los embustes demoníacos que dirán palabras mentirosas para negar la verdad de la Palabra de Dios, obtendrán resultados.

Recuerda que el reino de los cielos sufre violencia, y solo los valientes lo arrebatan.

Nota

1. Earl D. Radmacher, Roland B. Allen, H. Wayne House, *Nuevo Comentario Ilustrado de la Biblia*, Grupo Nelson, 2002, p. 1279.

Por lo demás, hermanos míos, fortaleceos en el Señor, y en el poder de su fuerza. Vestíos de toda la armadura de Dios, para que podáis estar firmes contra las asechanzas del diablo. Porque no tenemos lucha contra sangre y carne, sino contra principados, contra potestades, contra los gobernadores de las tinieblas de este siglo, contra huestes espirituales de maldad en las regiones celestes.

EFESIOS 6:10-12

Capítulo 7

Estamos en GUERRA

Cuando la Biblia nos dice que «tenemos lucha», se refiere a la guerra espiritual. Si no estuviéramos en guerra, el apóstol no tendría que alertarnos para que nos vistamos con la armadura de Dios a fin de poder estar firmes.

Un soldado solo se viste con la armadura militar cuando está en guerra. En ese tiempo es que está alerta y preparado para la batalla. Cuando se vive en tiempo de paz, el soldado no tiene por qué cargar su rifle, ni ponerse su armadura militar, pues todo está en calma. En cambio, cuando hay guerra, al soldado lo reclutan para el campamento militar y allí se prepara y viste en todo tiempo su armadura para que no lo sorprenda el enemigo.

Del mismo modo, si la Iglesia no estuviera en guerra, el Señor no tendría por qué alertarnos y decirnos que estemos listos debido a que hay un adversario feroz que nos odia y procura destruirnos.

LA «LUCHA» ES INEVITABLE

Cuando leemos Efesios 6:12, nos damos cuenta de que el apóstol Pablo nos anuncia que estamos en guerra, ya que nos dice que «no tenemos lucha contra sangre y carne». Analizando este versículo, vamos a encontrar diferentes datos que nos dan un completo apoyo para atestiguar la realidad de la guerra.

Por otra parte, el *Vine: Diccionario Expositivo de palabras del Antiguo y del Nuevo Testamento Exhaustivo*, hace el siguiente análisis de la palabra «lucha»:

1. *agon* (ἀγών, 73), batalla, conflicto. Se traduce «lucha» (Col 2.1). Se implica en este pasaje una intensa lucha contra adversarios espirituales y humanos [...]
2. *pale* (πάλη, 3823), lucha cuerpo a cuerpo [...] Se usa en sentido figurado en Ef 6.12, del conflicto espiritual en el que se hallan inmersos los creyentes[1].

Como podemos ver, la palabra «lucha» significa «batalla, conflicto, combate, oposición». Pablo usa la palabra *agon* para referirse a la lucha del creyente en contra de los enemigos espirituales. Además, utiliza la palabra griega *pale* para describir la «pelea» cuando el combate contra el enemigo se realiza cuerpo a cuerpo, como es el caso en Efesios 6:12.

Todo creyente, cuando está haciendo la obra de Dios, o cuando solo camina y anda según la Palabra de Dios, se va a enfrentar a luchas (*agon*), así como a oposición, batalla, conflicto y combate. Lo quieras o no, el enemigo te va hacer la guerra, te va a desafiar, te va a traer problemas, te va a confrontar, puesto que te odia. No olvidemos que la Palabra nos dice:

> Y también todos los que quieren vivir piadosamente en Cristo Jesús padecerán persecución.
>
> 2 Timoteo 3:12

¿De quién viene la persecución? De las huestes espirituales de maldad, de los gobernadores de las tinieblas de este siglo, de los principados y las potestades. La persecución la realiza el ejército del

Estamos en guerra

diablo que, por supuesto, usará a toda persona que se preste y le dé entrada para llevar a cabo su ataque, para cumplir sus propósitos malvados. Por tanto, ¡tenemos que estar preparados!

Recuerdo que cuando vivía en Cuba, el gobierno tenía un lema escrito en grandes carteles por toda la isla que decía: «Con la guardia en alto». Aunque lo decían sin tener fundamento alguno, para nosotros los cristianos, en cambio, este lema nos viene como anillo al dedo. Estando persuadidos de la realidad de la guerra que enfrentamos, es así que debemos vivir siempre: ¡Con la guardia en alto!

LA SERIEDAD DE LA GUERRA

El apóstol Pedro, al igual que el apóstol Pablo, nos insta a tomar esta guerra con seriedad y nos manda a estar alerta, listos, preparados en todo momento. Por eso nos exhorta a velar, nos manda a estar con la guardia en alto: «Sed sobrios, y velad; porque vuestro adversario el diablo, como león rugiente, anda alrededor buscando a quien devorar» (1 Pedro 5:8). El *Nuevo Comentario Ilustrado de la Biblia* nos da más claridad sobre este versículo y nos dice:

> **5.8 Sed sobrios** significa tener disciplina propia, pensar racionalmente y no neciamente. **velad** significa estar alerta a las trampas espirituales de la vida y dar los pasos apropiados para asegurarse de no caer. **vuestro adversario:** Satanás es nuestro enemigo declarado y nunca cesa de ser hostil con nosotros; constantemente nos está acusando delante de Dios [...] **como león rugiente:** Satanás es cruel y a la vez astuto. Ataca cuando menos uno se lo espera y desea destruir completamente a aquellos que ataca»[2].

El apóstol Pedro dice que el diablo es como un león rugiente que anda por los alrededores en busca de alguien a quien devorar. Deteniéndonos por un instante aquí, es interesante observar lo apropiado de la comparación. Con tal fin, veamos algunas frases asociadas al enemigo:

- Devorador: La palabra «devorar» tiene varios sinónimos, entre los cuales están «tragar», «engullir», «comer», «morder», «quemar», etc. El uso que el apóstol hace con el término «devorar» cuando compara al diablo con un león, nos deja ver que en todas las facetas que se le conoce al diablo en la Biblia se le puede relacionar con este cuadro de «devorador de sus víctimas».
- León: Debido a la forma en que lo describe el apóstol Pedro, podemos decir que el diablo «devora» o «come» a su presa como lo haría un león.
- Serpiente: De acuerdo a la manera en que se le nombra en Génesis, el diablo «muerde», «engulle» o «traga» a su víctima.
- Dragón: En Apocalipsis, Juan lo compara con un «dragón» que con el fuego de su boca quema a su oponente.

Como podemos ver, las Escrituras muestran de una manera tangible lo despiadado, feroz y peligroso que es el enemigo con quien tenemos guerra. La Biblia nos dice que este enemigo no solo le declaró la guerra a Dios, sino a todos los lavados con la sangre del Cordero.

El creyente está en guerra, y esto es una verdad innegable. El cristiano enfrenta a un adversario cruel y despiadado. Por eso, esta guerra es tan real que no puedo pensar que alguien nacido de nuevo se atreva a dudarlo. Mi mamá solía decirme con mucha sabiduría: «Hija, el diablo no toma vacaciones». Aunque a mí me daba un poco de gracia la forma en que mi mamá exponía la realidad de la guerra espiritual, sus palabras describían de una manera simple el acoso constante del enemigo contra el creyente.

JESÚS NOS HABLÓ SOBRE LA GUERRA ESPIRITUAL

Algunas personas tienden a restarle importancia a las cosas que están escritas en la Biblia diciendo «¡Ah, pero eso lo dijo Pablo, no lo dijo Jesús!». Sin embargo, en este tema que estamos tratando podemos decir que Jesús también nos habló de manera clara sobre la guerra espiritual:

Estamos en guerra

Estas cosas os he hablado para que en mí tengáis paz. En el mundo tendréis aflicción; pero confiad, yo he vencido al mundo.

Juan 16:33

Nota la frase que nos dice Jesús: «En el mundo tendréis aflicción». La palabra «aflicción» viene de la palabra griega *thlipsis*. Según el diccionario de Vine, «*thlipsis* significa principalmente presión [...] cualquier cosa que abrume al espíritu»[3].

Este nombre, *thlipsis*, se deriva del verbo griego *thlibo*, que significa «sufrir aflicción, estar angustiado. El término hace referencia a los sufrimientos debidos a la presión de las circunstancias, o al antagonismo de las personas»[4].

El *Nuevo Comentario Ilustrado de la Biblia* profundiza en la definición de las palabras y amplía nuestro conocimiento de lo que nos sugiere el versículo:

> **16.33 aflicción** significa literalmente «presión», y en sentido figurado quiere decir «tribulación» o «angustia»[5].

Teniendo en cuenta esta definición, entendemos que Jesús, en otras palabras, nos dice: «En el mundo tendréis presión, opresión, tensión, angustia, tribulación». Si analizamos la palabra «presión», nos percatamos que guarda relación con «coacción», «violencia», «amenaza», «imposición». Todo esto es justo lo que el diablo hace en contra de la Iglesia de Cristo alrededor del mundo. Por lo tanto, esta oposición no es otra cosa que guerra espiritual.

La «oposición» se manifiesta de diferentes formas. Podemos verla representada como apatía, persecución, resistencia, indiferencia, frialdad, enemistad, etc. La oposición trae *thlipsis*, o sea, «aflicción». La aflicción le abre la puerta a la opresión, adversidad, angustia, presión, tensión, tribulación; es decir, provoca *agon* (luchas), lo cual nos menciona el apóstol Pablo en Efesios 6:12.

En la vida cristiana en general, tanto en el campo misionero como en cualquier otro en el que sirvamos o en cualquiera de los cinco ministerios de los que se habla en Efesios y que desarrollamos, nos vamos a enfrentar a todas estas cosas debido a que forman parte de los elementos que componen la guerra espiritual.

Siguiendo en la secuencia del versículo de Juan 16:33, donde Jesús dijo: «En el mundo tendréis aflicción», nota que el lugar de las aflicciones sería el mundo. Si vives en este mundo, enfrentarás aflicciones. El mundo al que se refiere Jesús aquí es el que se le dio a Satanás. Este mundo del que hablamos es el que se identifica con el género humano caído y pecaminoso que está realmente en poder del diablo. Así nos lo dice el apóstol Juan cuando afirma que «el mundo entero está bajo el maligno» (1 Juan 5:19). Incluso, Jesús dijo que el diablo es «el príncipe de este mundo» (Juan 14:30), mientras que el apóstol Pablo declara que Satanás es «el dios de este siglo» (2 Corintios 4:4).

Por tanto, con todas estas referencias marcadas en la Palabra, podemos percatarnos de la guerra que enfrentamos. Es aquí en este mundo donde tenemos que hacerle frente a la guerra que se levanta en contra nuestra día a día. Es aquí en este mundo dominado por el diablo, quien es su príncipe y su dios, donde Jesús dijo que tendríamos aflicciones.

Al analizar la declaración del apóstol Juan cuando dice que «el mundo entero está bajo el maligno», nos damos cuenta por qué existe el odio tan tremendo del mundo para todo lo que lleve el sello de Dios. Entendemos, entonces, el porqué de la antipatía abierta en contra de su Palabra, el aborrecimiento feroz en contra de su Nombre y la gran aversión hacia todo lo puro, bueno y santo que represente el mandamiento de nuestro Señor.

El mundo nos odia, esto es una realidad. Jesús mismo lo declara: «Si el mundo os aborrece, sabed que a mí me ha aborrecido antes que a vosotros» (Juan 15:18). Así que no nos debe extrañar que no nos quieran, pues a Jesús tampoco lo quisieron. El mundo nos aborrece porque no somos del mundo. ¡Aleluya! Y esto es algo en lo que nos podemos gloriar: No pertenecemos a este mundo, aunque estemos en él, pues no somos de aquí. Jesús dijo también:

Estamos en guerra

Yo les he dado tu palabra; y el mundo los aborreció, porque no son del mundo, como tampoco yo soy del mundo.

Juan 17:14

¡Gloria a Dios! Nuestra ciudadanía está en los cielos. No pertenecemos a este mundo regido por el diablo y sus secuaces. Fuimos redimidos con la sangre del Cordero de Dios, y con esa redención «nos ha librado de la potestad de las tinieblas, y trasladado al reino de su amado Hijo» (Colosenses 1:13).

Al saber que donde vivimos es un mundo vendido al pecado, y que el príncipe de este lugar es un enemigo que nos hace la guerra, debemos tener claro cómo es este adversario.

El apóstol Pablo tuvo una gran revelación de parte de Dios acerca del enemigo al que nos oponemos. Por eso en su epístola a la iglesia de Éfeso nos alerta y nos da una clara visión del ejército espiritual demoníaco al que nos enfrentamos. En su descripción, nos habla de un ejército bien organizado con diferentes rangos y jerarquías, diferentes niveles de poder y diferentes lugares de acción. Incluso, en Efesios 6:12 nos advierte que nuestra verdadera guerra es «contra principados, contra potestades, contra los gobernadores de las tinieblas de este siglo, contra huestes espirituales de maldad en las regiones celestes».

EL EJÉRCITO DEL MALIGNO

Considerando todos estos datos que Pablo menciona sobre el ejército enemigo que enfrentamos, y teniendo en cuenta su organización, nos es muy necesario separar y analizar cada uno de estos rangos demoníacos para saber su orden en poder y su lugar de actuación, a fin de poderlos enfrentar y vencer.

Principados
Estos son espíritus demoníacos enviados a cubrir áreas geográficas específicas. Este rango parece ser de alto nivel en el reino del maligno,

pues son los que rigen continentes y países. Si vamos al libro de Daniel en el Antiguo Testamento, podemos tener una visión clara de lo que estamos diciendo.

> Mas el príncipe del reino de Persia se me opuso durante veintiún días; pero he aquí Miguel, uno de los principales príncipes, vino para ayudarme, y quedé allí con los reyes de Persia.
>
> Daniel 10:13

En este versículo se nos habla abiertamente que el principado que estaba sobre el Imperio persa se interpuso para que Daniel no recibiera la respuesta a su oración. Este principado no era humano, sino que era un ser espiritual maligno. El *Nuevo Comentario Ilustrado de la Biblia* dice:

> **10.13 el príncipe del reino de Persia** no puede ser un gobernador humano, porque el conflicto referido aquí es en lo espiritual, en el reino celestial, lo que queda en claro con la alusión de **Miguel**. El príncipe, por lo tanto, debe ser entendido como una figura satánica, quien estaba para supervisar los negocios de Persia, inspirando su estructura religiosa, social y política, trabajando para el mal[6].

Persia es el país que se conoce con el nombre de Irán hoy en día. Sin embargo, cuando se habla del Imperio persa, nos referimos a un vasto territorio. De acuerdo a su alcance geográfico, este Imperio abarcaba una gran cantidad de países, pues se extendía desde el norte de Grecia hasta los ríos Indo y Amu Daria, incluyendo Tracia, Egipto, Oriente Medio, Asia Menor y el Cáucaso.

Lo que quiero hacer notar es que así como el Imperio persa en la tierra abarcaba un extenso territorio, en el reino espiritual sucedía lo mismo. El príncipe de Persia no solo reinaba en el país de Persia, sino que dominaba todo el Imperio. Ese principado era el que tenía cautivo todo ese extenso territorio y dirigía la esfera política, social y religiosa del mismo.

Estamos en guerra

Los principados son los que han regido a los imperios que han reinado en diferentes épocas en el mundo. En el libro de Daniel encontramos otro dato interesante que nos confirma lo que estamos diciendo:

> Él me dijo: ¿Sabes por qué he venido a ti? Pues ahora tengo que volver para pelear contra el príncipe de Persia; y al terminar con él, el príncipe de Grecia vendrá.
>
> Daniel 10:20

Si prestamos atención, vemos que el ángel le dijo a Daniel que tenía que regresar a pelear con el príncipe de Persia, y que después pelearía con el príncipe de Grecia. Este príncipe de Grecia quizá fuera el principado que rigió el Imperio de Alejandro el Grande, quien vendría después y derrotaría al Imperio persa, tomando también todos estos países bajo su dominio.

En este texto se expone de manera abierta que los principados malignos combaten entre sí para obtener mayor poder territorial. La ambición que tienen, el ansia de poder y el odio que los mueve, son lo que los que hacen que se peleen unos contra otros en el mundo espiritual. Toda esta influencia maligna se la transmiten a los hombres, pues como dijimos antes, los principados son los que rigen a los países por detrás de los gobiernos humanos. Como resultado, los levantan con ambición de poder para guerrear en contra de otros gobiernos y derrotarlos al someter a los pueblos bajo sus dominios y leyes.

A pesar del tiempo transcurrido, la situación de todos esos países que componían el antiguo Imperio persa no ha cambiado. Hasta el día de hoy, todos esos países padecen de ceguera espiritual, de modo que están engañados y sometidos a religiones falsas. El conflicto espiritual allí es palpable. Por eso podemos decir que aunque el Imperio persa terrenal desapareció, el principado espiritual del reino maligno sigue rigiendo ese extenso territorio hasta hoy.

Vale recalcar que este príncipe maligno intentaba detener al ángel que venía para traerle la respuesta a Daniel a fin de que entendiera la visión. Este espíritu maligno quería interrumpir, quería bloquear, la respuesta para hacer desistir a Daniel en su oración.

De esto concluimos que cuando la iglesia está orando por un país en específico, por un continente, por una ciudad, por un barrio, para que se predique el evangelio y se abran puertas para presentar a Cristo, estos espíritus luchan en el mundo espiritual tratando de bloquear la respuesta para que la iglesia desista en la oración.

Es más, no solo bloquean la oración ferviente de la iglesia en conjunto, también interfieren en la oración personal de cualquier creyente para que este no reciba la respuesta. Solo los que no desisten y permanecen en la brecha de la oración y el ayuno como Daniel, obtienen las respuestas deseadas.

Potestades

En segundo lugar, el apóstol menciona a las potestades. Estos son espíritus territoriales que rigen países, gobiernos y regiones. Las potestades son espíritus que inducen a los diferentes países o regiones a diversos tipos de idolatría y a aceptar el pecado como un estilo de vida normal.

La Biblia nos dice que en el tiempo de Pablo, bajo el Imperio romano, los pueblos adoraban a una diosa llamada Diana, la diosa de la fertilidad. Esta diosa romana era la equivalente de la diosa Artemisa en la mitología griega. En todo el Asia Menor, a esta diosa se le tenía como una deidad. Tan grande era su veneración, que el templo de la diosa Diana en la ciudad de Éfeso llegó a ser una de las siete maravillas del mundo antiguo. Así que podrás imaginar lo espléndido que debió ser este santuario.

Lucas nos cuenta en el libro de los Hechos que en la ciudad de Éfeso había muchos comerciantes que se dedicaban a vender figuras en plata del templo de la diosa Diana. Al parecer, debido a la predicación del apóstol Pablo, muchas personas se habían convertido al evangelio, por lo que las ventas de estos comerciantes comenzaron a bajar. De inmediato, usando como excusa la disminución de las ganancias, la potestad que regía allí levantó a los comerciantes para

Estamos en guerra

que a su vez estos levantaran al pueblo en contra de los cristianos. Así se narra en el libro de Hechos:

> Hubo por aquel tiempo un disturbio no pequeño acerca del Camino. Porque un platero llamado Demetrio, que hacía de plata templecillos de Diana, daba no poca ganancia a los artífices; a los cuales, reunidos con los obreros del mismo oficio, dijo: Varones, sabéis que de este oficio obtenemos nuestra riqueza; pero veis y oís que este Pablo, no solamente en Éfeso, sino en casi toda Asia, ha apartado a muchas gentes con persuasión, diciendo que no son dioses los que se hacen con las manos. Y no solamente hay peligro de que este nuestro negocio venga a desacreditarse, sino también que el templo de la gran diosa Diana sea estimado en nada, y comience a ser destruida la majestad de aquella a quien venera toda Asia, y el mundo entero. Cuando oyeron estas cosas, se llenaron de ira, y gritaron, diciendo: ¡Grande es Diana de los efesios! Y la ciudad se llenó de confusión, y a una se lanzaron al teatro, arrebatando a Gayo y a Aristarco, macedonios, compañeros de Pablo. Y queriendo Pablo salir al pueblo, los discípulos no le dejaron. También algunas de las autoridades de Asia, que eran sus amigos, le enviaron recado, rogándole que no se presentase en el teatro. Unos, pues, gritaban una cosa, y otros otra; porque la concurrencia estaba confusa, y los más no sabían por qué se habían reunido. Y sacaron de entre la multitud a Alejandro, empujándole los judíos. Entonces Alejandro, pedido silencio con la mano, quería hablar en su defensa ante el pueblo. Pero cuando le conocieron que era judío, todos a una voz gritaron casi por dos horas: ¡Grande es Diana de los efesios! Entonces el escribano, cuando había apaciguado a la multitud, dijo: Varones efesios, ¿y quién es el hombre que no sabe que la ciudad de los efesios es guardiana del templo de la gran diosa Diana, y de la imagen venida de Júpiter? Puesto que esto no puede contradecirse, es necesario que os apacigüéis, y que nada hagáis precipitadamente.
>
> Hechos 19:23-36

Como podemos darnos cuenta por el relato de Lucas, en los tiempos del apóstol Pablo las potestades mantenían ciegos a los pueblos bajo una idolatría terrible. Las ganancias que esta idolatría les dejaba a los comerciantes era mucha, por lo que no dejaban que penetrara con facilidad la luz del evangelio de Cristo.

A través de los tiempos, la idolatría ha sido uno de los mayores obstáculos para impedir que las multitudes vengan a Cristo. En nuestros días, en pleno siglo veintiuno al igual que en los días de Pablo, la idolatría sigue siendo uno de los mayores tropiezos para que el hombre pueda acercarse a Jesús. La desmesurada adoración de los hombres hacia objetos, animales e imágenes que llaman dioses, hace pesado el trabajo misionero para la evangelización.

Como bien sabemos, hoy en día, por ejemplo, los pueblos adoran a la virgen María en calidad de diosa. Aunque no se le llama diosa, se le venera como tal. A nivel mundial, la adoración a la virgen está arraigada en la cultura de los pueblos independientemente de su raza o lengua. En cada una de estas culturas existen leyendas que atestiguan que recibieron la visita de la virgen. Las supuestas apariciones de la virgen han sido notorias en distintas partes del mundo. Lo peculiar de esto es que en cada país se conoce y venera a la virgen María con un nombre diferente.

En Portugal, se le conoce como Fátima, y la tradición dice que la virgen se les reveló a tres niños. En Francia, se le conoce como la virgen de Lourdes, y la tradición dice que se le apareció a una jovencita. En México, se le conoce como la virgen de Guadalupe, y la tradición dice que se le apareció a un indio llamado Juan Diego. Y así como estas historias, todos los pueblos tienen su virgen a la cual adoran y narran la historia de cómo se les apareció.

A las presuntas manifestaciones de la virgen María, en el catolicismo se les da el nombre de apariciones marianas. Algunas de estas apariciones se hicieron famosas porque se le atribuyeron milagros, como fue el caso de la virgen de Lourdes en Francia. Por esta causa, la iglesia católica dio apertura a lugares de culto, y se hicieron grandes iglesias para que todos los devotos de la virgen puedan ir a rendirle adoración. También se les permitió hacer grandes procesiones y peregrinaciones a estos lugares. Muchos son los que van al santuario de Fátima en Portugal, al santuario de Lourdes en Francia y al de la virgen de Guadalupe en México. Este último es uno de los más visitados. Se cree que unos veinte millones de peregrinos lo visitan cada año.

Como resultado de estos cultos idólatras, a esas vírgenes se les llama patronas de sus países. Así que se les construyen grandes catedrales donde la gente va para adorarlas. Es más, de la virgen se venden cuadros con su retrato, estatuas y también pequeños altares. Todo esto genera grandes ganancias económicas. Esta idolatría es parecida a la que sucedía en el tiempo de Pablo donde la gente del Asia Menor le rendía tanta devoción a la diosa Diana.

No quisiera que se malinterpretara lo que estoy hablando acerca de la virgen María. Pues no me cabe duda que María fue una extraordinaria mujer a quien respeto y admiro porque Dios la escogió entre todas las mujeres de su tiempo para ser la madre de nuestro Señor Jesucristo. María es digna de reconocimiento como una mujer valiente y llena de fe en Dios, pues creyó lo que le dijo el ángel Gabriel respondiéndole de inmediato:

> He aquí la sierva del Señor; hágase conmigo conforme a tu palabra.
>
> Lucas 1:38

En realidad, se necesita de una gran fe en Dios y de mucha valentía para dar la respuesta que María le dio al ángel. En su época, quedar embarazada sin estar todavía casada era una gran afrenta y vergüenza no solo para ella, sino para la familia entera. Incluso, de acuerdo a la ley por este aparente pecado a los ojos del pueblo, la podrían haber apedreado.

Según la ley de Moisés, si a alguna muchacha virgen la violaban en la ciudad y quedaba embarazada, tenían que apedrearla. Daban por sentado que hubiera podido gritar para que alguien la defendiera estando en la ciudad. (Lee Deuteronomio 22:23-24). María era una muchacha que vivía en la ciudad, pues así lo dice la Palabra:

> Al sexto mes el ángel Gabriel fue enviado por Dios a una ciudad de Galilea, llamada Nazaret, a una virgen desposada con un varón que se llamaba José, de la casa de David; y el nombre de la virgen era María.
>
> Lucas 1:26-27

Por otra parte, sabemos que José quiso dejarla en secreto, para no hacerle daño, cuando se dio cuenta que María estaba embarazada y el niño no era suyo. A pesar de todo esto, María fue valiente y le creyó a Dios. De seguro que enfrentó el rechazo, las críticas y las murmuraciones cuando la gente vio que estaba embarazada. Sin embargo, ella no pensó en ninguna consecuencia, sino en hacer la voluntad del Señor. ¡Qué tremenda mujer!

Dios, quien conoce el corazón humano, sabía que esta joven mujer no le iba a fallar, y por eso la escogió de entre todas las doncellas que había en ese tiempo en Nazaret. María halló gracia a los ojos de Dios, pues al leer el siguiente versículo de este mismo pasaje, vemos que el ángel la llamó muy favorecida:

> Y entrando el ángel en donde ella estaba, dijo: ¡Salve, muy favorecida! El Señor es contigo; bendita tú entre las mujeres.
>
> Lucas 1:28

Es evidente que esta mujer fue admirable. Fue una mujer virtuosa, pues debido a esto los ojos del Altísimo se posaran en ella. María halló gracia y favor a los ojos del Todopoderoso. Él le dio una misión para cumplir y ella no la rechazó. Por tanto, fue el vaso que Dios usó para traer a este mundo al Mesías. Sin sombra de dudas creemos que ella está en el cielo, pero no como una deidad a quien se deba venerar ni como una intercesora por nosotros, pues la Biblia establece que «hay un solo Dios, y un solo mediador entre Dios y los hombres, Jesucristo hombre» (1 Timoteo 2:5).

Como dijimos antes, lo reiteramos ahora: María fue una gran mujer, una mujer excepcional digna de admiración y respeto. Su fe en Dios y su obediencia a la voluntad del Todopoderoso, sin importar cuál fuera su consecuencia, es digna de imitar. Esta valerosa mujer fue una pionera de la iglesia primitiva. Al igual que nosotros, creyó en Jesús, lo recibió en su corazón como Señor y Salvador, y le sirvió. Si recuerdas, la Biblia nos dice que María estaba en el aposento alto junto con los discípulos en oración, según les ordenó el Señor mismo, a fin de que fueran llenos del Espíritu Santo (Hechos 1:12-14).

En ningún momento la Biblia nos dice que, después de la ascensión de nuestro Salvador a los cielos, los discípulos adoraron a María ni le pidieron como su intercesora. Tampoco encontramos ningún pasaje donde Jesús advirtiera que en su ausencia le pidieran a su madre para que intercediera a su favor con el Padre. Por lo tanto, al no tener evidencia bíblica de que Dios la pusiera como intercesora, no podemos tomarla como tal. Por lo que podemos decir que Dios no ideó ni dirigió la adoración y veneración a María, la madre de nuestro Señor Jesús. Si esto hubiera sido así, Dios iría en contra de su propia Palabra cuando dijo:

> No tendrás dioses ajenos delante de mí. No te harás imagen, ni ninguna semejanza de lo que esté arriba en el cielo, ni abajo en la tierra, ni en las aguas debajo de la tierra. No te inclinarás a ellas, ni las honrarás; porque yo soy Jehová tu Dios, fuerte, celoso, que visito la maldad de los padres sobre los hijos hasta la tercera y cuarta generación de los que me aborrecen.
> Éxodo 20:3-5

Por lo tanto, si Dios prohibió la idolatría, queda claro que quien introdujo este acto idolátrico fue el diablo, y lo hizo para engañar y confundir a los hombres. Con esta acción, desviaba la adoración que pertenece al único Dios verdadero, a aquel que merece recibir toda la gloria, adoración y honor.

A través de la historia podemos darnos cuenta cómo las potestades han sumido a los pueblos, tribus y naciones en una idolatría muy profunda al hacerles creer que son dioses. Así que, debido a estas creencias, resulta difícil que el evangelio de Cristo penetre en esos lugares. Hasta en Israel encontré idolatría. Esto me dejó pasmada, pues no me lo esperaba.

Como todos los que van a Israel quieren conocer los lugares históricos que encontramos en la Biblia, nosotros también. Después de recorrer muchos lugares y al estar cerca de la tumba de Raquel, la esposa de Jacob, y madre de José y Benjamín, decidimos visitarla. Cuando llegamos, nos encontramos con una especie de capilla que tenía bancos para sentarse y se dividía en el medio con una pared. Por un lado entraban los hombres y por el otro entraban las mujeres. La tumba está compartida para ambos lados. Al entrar al lugar, había un gran grupo de personas judías que tocaban la tumba y hacían gran lamentación por Raquel. Era como si Raquel acabara de morir y ese fuera su funeral. Nosotros nos quedamos atónitos, pues no esperábamos esto. Los gritos y los lamentos eran tremendos mientras tocaban la tumba. Por otra parte, había personas sentadas en los bancos, quizá a la espera de que saliera un poco de gente para ir a tocar la tumba y llorar.

El guía, quien era judío, nos explicó que esto ocurría porque la gente tenía a Raquel como una extraordinaria mujer que supo compartir el esposo con su hermana y murió por dar a luz a su hijo. «Entonces», dijo él, «las personas que quieren casarse, tener hijos o pedir por algo relacionado con esto, vienen a rogárselo a Raquel». Unos días antes, el guía nos había dicho que en Israel no había idolatría, pero que por su profesión había conocido a diferentes grupos religiosos que venían de visita a Israel y con sus hechos demostraban ser muy idólatras. Sin embargo, el evento que presenciamos en la tumba de Raquel no tiene otro calificativo que idolatría.

Estamos en guerra

Además de promover la idolatría, las potestades incitan también todo tipo de pecados carnales, promiscuidad e inmoralidad, utilizando los medios de comunicación masiva. En estos tiempos modernos usan la televisión, el cine, el internet, etc., a fin de difundir el pecado. Hacen gran propaganda a todo lo que la Biblia le llama pecado como una nueva manera de vivir, donde nada es malo, haciendo que la sociedad acepte el pecado como algo normal. Por eso es que hoy en día la humanidad está en un caos total. A nivel mundial se vive en un declive moral, pues a lo bueno le llaman malo, y a lo malo lo ven como bueno.

Las potestades también actúan en la política, levantando personas clave que influyan en las masas y dicten leyes que glorifiquen al reino de las tinieblas. En los años de 1960, aquí en los Estados Unidos comenzó el movimiento a favor del aborto. Los grupos feministas habían luchado por décadas haciendo marchas y manifestaciones pidiendo la legalización del aborto. Como resultado a estos movimientos, en 1973 se legalizó el aborto, y hoy tenemos clínicas donde las mujeres van abortar, y donde incluso se les permite a las jovencitas adolescentes que vayan a abortar sin necesitar el consentimiento de sus padres. La gran ironía es que para votar por un candidato político se requiere que los jóvenes tengan dieciocho años de edad, pero para abortar, que es el acto de matar a una criatura indefensa e inocente, se les permite hacerlo a cualquier edad.

Hoy vemos también cómo grupos políticos defienden el aborto y lo apoyan en sus campañas para ganar el voto de la gente. De modo que no les importa que muchas veces esta práctica se lleve a cabo cuando el niño está casi a punto de nacer. Esto es horrible, y no tiene otro calificativo que asesinato a un ser indefenso.

Todas estas personas que abogan por un crimen legalizado no se dan cuenta que tienen tras de sí las influencias de las potestades satánicas que los usan para que con sus acciones deshonren a Dios y glorifiquen el reino de las tinieblas que, en definitiva, es el que recibe las alabanzas mediante estos crímenes que a diario se practican en todo el mundo.

Lo mismo sucedió con la petición de quitar la oración en las escuelas estadounidenses. La Sra. Madalyn Murray O'Hair fue el instrumento satánico que promovió y abogó para quitar la oración de las escuelas públicas. Fue tanta la exigencia de esta señora que en 1963 el Tribunal Supremo votó a favor de su propuesta y se estableció oficialmente la suspensión de la oración en las escuelas públicas en todos los estados de la unión americana. Como resultado, hoy en día estamos viendo que, sin la oración en las escuelas, la violencia, el desorden y la inmoralidad han plagado a la juventud.

Y como estos casos hay muchos más, donde se puede palpar cómo las potestades han usado a las masas para abogar e instigar a los gobiernos para que dicten leyes en contra de lo que Dios establece en su Palabra. No solo en Estados Unidos se promulgan esas leyes en contra de lo establecido por Dios, sino que lo estamos viendo en el mundo entero.

Gobernadores de las tinieblas

En tercer lugar, encontramos los gobernadores de las tinieblas. Estos son espíritus territoriales que gobiernan ciudades, regiones, barrios, etc. Los gobernadores de las tinieblas son espíritus que se encargan de conquistar, mantener y controlar territorios, pueblos, ciudades y barrios para que la gente haga lo que les mandan.

En la Biblia encontramos un caso clásico que lo ilustra, y es cuando Jesús estuvo en el poblado de Gadara. En Marcos 5:1-20 tenemos la historia. La Biblia nos cuenta que en el momento justo en que Jesús llegó al pueblo de Gadara, le salió al encuentro un hombre que estaba en total posesión demoníaca. Este hombre sufría en gran medida debido a que una legión de demonios lo tenía encadenado espiritualmente y no le permitía ser un hombre normal.

Cuando Jesús lo vio, dijo: «Sal de este hombre, espíritu inmundo» (Marcos 5:8). Entonces, la legión de demonios le suplicó que no los enviara lejos de la región, sino que les permitiera poseer una

Estamos en guerra

manada de cerdos que apacentaban unos hombres cerca de allí. Cuando Jesús les dio la orden, los demonios entraron en los cerdos haciendo que se precipitaran en el mar por un despeñadero y perecieran todos.

Marcos nos cuenta que debido a este episodio Jesús no fue bien recibido en el pueblo de Gadara. Aun cuando Jesús hizo una gran obra, y aquel endemoniado quedó libre y en su sano juicio, el pueblo vino a pedirle a Jesús que se marchara de sus contornos:

> Y los que apacentaban los cerdos huyeron, y dieron aviso en la ciudad y en los campos. Y salieron a ver qué era aquello que había sucedido. Vienen a Jesús, y ven al que había sido atormentado del demonio, y que había tenido la legión, sentado, vestido y en su juicio cabal; y tuvieron miedo. Y les contaron los que lo habían visto, cómo le había acontecido al que había tenido el demonio, y lo de los cerdos. Y comenzaron a rogarle que se fuera de sus contornos.
>
> Marcos 5:14-17

Los gobernadores de las tinieblas que reinaban en ese lugar se levantaron en contra de Jesús. La luz llegó a este sitio, pero a los espíritus demoníacos no les convenía que los hombres vieran esa luz. La presencia de Jesús les estorbaba, era una amenaza. Si se convertía el pueblo, tendrían que huir. Por lo que incitaron a los residentes del lugar en contra de Jesús.

Los gobernadores de las tinieblas hicieron que la gente pusiera sus ojos en lo que perdieron con la desaparición del hato de cerdos que se ahogó en el mar, pues era mucho dinero. El *Nuevo Comentario Ilustrado de la Biblia* nos comenta sobre esto:

Aun hoy, 2.000 cerdos es un hato bien grande. Su valor monetario podría haber sido avaluado en un cuarto de millón de dólares en la economía de hoy, una pérdida considerable para los propietarios[7].

La pérdida de dos mil cerdos equivalía a una gran suma de dinero, la cual sería alrededor de doscientos cincuenta mil dólares, y eso es mucho dinero hoy en día. Cuando lo analizamos, vemos que esa cuantiosa cantidad en la época de Jesús fue una considerable pérdida. Por esta causa entendemos que los gadarenos no podían aceptar a Jesús. Aunque Él hizo una magistral obra, los ojos de esta gente estaban fijos en el dinero. No podían ver la liberación del pobre hombre, sino que solo veían su pérdida monetaria. Es más, pensaban que si Jesús se quedaba allí, el desastre económico sería total.

Los gobernadores de las tinieblas están por debajo del gran poder de Dios. Así que no podían luchar por sí mismos contra Jesús. Sabían que nunca podrían ir en contra del Hijo de Dios y vencerlo, por lo que usaron el libre albedrío de los gadarenos que tenían sus mentes contaminadas por la avaricia, y que estaban dominados por el mal, para que rechazaran a Jesús.

En los tiempos modernos podemos percatarnos de la manera en que la influencia maligna de estos gobernadores de las tinieblas alcanza a las ciudades. En las noticias oímos cómo ciudades enteras están cautivas bajo la violencia, la droga, el abuso y la destrucción. La obra de los gobernadores de las tinieblas se deja ver en cosas como estas, donde provocan en las personas una terrible resistencia para que no se conviertan a Cristo. La dureza espiritual que se advierte en estos lugares es profunda, indicando la pesada atmósfera espiritual que se respira allí, la cual hace que sea difícil el trabajo de evangelización.

En muchísimos lugares, los pastores atraviesan diferentes dificultades para comprar un templo o para ampliarlo. Las leyes de las ciudades son muy rígidas e intransigentes, así que a las iglesias les resulta muy difícil adquirir su propio lugar. Esta resistencia que vemos en contra de las iglesias es producto de la obra de los gobernadores de las tinieblas que gobiernan por detrás de los dirigentes de las ciudades. Al igual que en los tiempos de Jesús, estos gobernadores de las tinieblas ponen en los gobernantes de las diferentes ciudades la avaricia. Así que prefieren que se abra cualquier establecimiento que traiga ganancias a la ciudad, aunque promueva el vicio, en lugar de permitir que una iglesia compre una propiedad que, según sus conceptos, representan pérdidas por su exención fiscal del pago de impuestos.

¡Esto es guerra espiritual! Las iglesias no deben conformarse con un «no», sino unirse en oración y ayuno, e identificando y atando al hombre fuerte que domina esa región, de modo que entren y posean esa tierra para nuestro Señor Jesucristo. Necesitamos penetrar en la ciudad que Dios nos ha mandado a levantar o poner su iglesia, y hacer brillar allí la luz del evangelio en medio de esa oscuridad donde están asentadas las diferentes ciudades. Jesús nos dijo:

> Vosotros sois la luz del mundo; una ciudad asentada sobre un monte no se puede esconder. Ni se enciende una luz y se pone debajo de un almud, sino sobre el candelero, y alumbra a todos los que están en casa. Así alumbre vuestra luz delante de los hombres, para que vean vuestras buenas obras, y glorifiquen a vuestro Padre que está en los cielos.
>
> Mateo 5:14-16

Huestes espirituales de maldad

En cuarto lugar, encontramos las huestes espirituales de maldad. Estos son espíritus que se encargan de controlar la voluntad de las personas para que obedezcan a Satanás. Dichos espíritus conducen a la gente a pecar de una forma personal. Se ocupan de mentir para hacer que la gente acepte el pecado de una forma voluntaria para establecerse allí.

Estos espíritus son los que también atan y poseen a las personas. Entre ellos hay espíritus de mentira, odio, adulterio, fornicación, robo, crimen, contiendas, enemistades, rencor, rebelión, adivinación, incredulidad, hechicería, etc. En la Biblia se nos narra la historia de una joven en completa posesión de un espíritu de adivinación:

> Aconteció que mientras íbamos a la oración, nos salió al encuentro una muchacha que tenía espíritu de adivinación, la cual

daba gran ganancia a sus amos, adivinando. Esta, siguiendo a Pablo y a nosotros, daba voces, diciendo: Estos hombres son siervos del Dios Altísimo, quienes os anuncian el camino de salvación. Y esto lo hacía por muchos días; mas desagradando a Pablo, éste se volvió y dijo al espíritu: Te mando en el nombre de Jesucristo, que salgas de ella. Y salió en aquella misma hora.

Hechos 16:16-18

Esta muchacha, de quien Lucas hace mención en el libro de los Hechos, estaba poseída totalmente por un espíritu de adivinación. Este pasaje de las Escrituras nos deja en claro que los espíritus demoníacos pueden poseer los cuerpos de personas que no conocen a Cristo, incluyendo a niños.

Si recuerdas, en el capítulo 9 del Evangelio de Marcos, versículos del 21 al 29, encontramos la historia de un hombre que trajo a su hijo a los discípulos para que le expulsaran el demonio y estos no pudieron hacerlo. Cuando Jesús llegó a la escena de los hechos, le preguntó al padre del muchacho desde cuándo estaba así, y el Padre le respondió que desde niño. Ese demonio era sordo y mudo, pero le provocaba ataques al muchacho desde su niñez que lo hacían convulsionar y lo tiraban en el agua o en el fuego para matarlo.

La Biblia es explícita en cuanto a esto y nos enseña que una persona puede estar en total posesión de uno o varios demonios a la vez. En el caso del endemoniado gadareno, por ejemplo, vemos que estaba poseído por más de uno. La Biblia nos dice que este hombre tenía dentro una legión de demonios. En el Evangelio de Marcos se nos dice que cuando Jesús le preguntó al endemoniado: «¿Cómo te llamas?». El demonio mismo respondió diciendo: «Legión me llamo; porque somos muchos» (Marcos 5:9).

En el Evangelio de Lucas leemos este mismo acontecimiento de una manera un tanto diferente. Jesús le preguntó: «¿Cómo te llamas? Y él dijo: Legión» (8:30). Entonces Lucas, no el endemoniado, comenta: «Porque muchos demonios habían entrado en él».

Estamos en guerra

La legión romana, como unidad militar de infantería básica de la antigua Roma, consistía de unos seis mil soldados. No sé si este hombre de Gadara tenía tantos demonios, aunque en los dos Evangelios se nos dice que entraron muchos demonios en él. Sin embargo, no se nos da una cifra específica al respecto.

Es posible que aquí los escritores de los Evangelios usaran el nombre de Legión de una forma metafórica para ilustrar que eran muchos los demonios que tenía aquel pobre hombre, pues con el tiempo esta palabra llegó a indicar un grupo numeroso e indefinible.

En cambio, si por el contrario emplearon la palabra Legión en su connotación literal, aquel hombre podría estar poseído por casi seis mil demonios. Recordemos que la condición de este gadareno era deplorable. Vivía en los sepulcros, estaba desnudo, era muy violento, por lo que aterrorizaba a la gente del lugar.

Cuando una persona está poseída por demonios, estos la llevan a comportarse de una manera anormal, distinta al comportamiento de las personas libres de la posesión demoníaca. Inclusive, en los casos donde una persona pueda estar poseída por más de un demonio, estos pueden manifestarse usando diferentes personalidades con voces distintas.

Recuerdo que cuando era una adolescente como de unos doce años de edad, un vecino nuestro en Cuba estaba poseído por demonios. Se trataba de un joven como de unos treinta años más o menos. Entonces, cuando los demonios se le manifestaban, en ocasiones hablaba como una niña y en otras comenzaba a hablar de repente como un africano. La gente del pueblo rodeaba la casa para verlo como si esto fuera un gran espectáculo de teatro, sin percatarse que aquel hombre estaba tristemente atormentado por los espíritus demoníacos que lo poseían. Hoy en día, después de haber pasado tantos años, aún recuerdo el rostro triste, serio y sombrío de ese joven, pues es obvio que donde el diablo está en posesión, allí hay destrucción y soledad.

LÍMITES DE LA POSESIÓN DEMONÍACA

Ahora quisiera dejar en claro que aunque los demonios pueden poseer los cuerpos de las personas, en ninguna manera pueden poseer los cuerpos de cristianos nacidos de nuevo. Esto se debe a que «posesión» significa «pertenencia», y el cristiano solo le pertenece a Dios. La Biblia dice que cuando aceptamos a Cristo y nacemos de nuevo, somos sellados por el Espíritu Santo. Por lo tanto, pertenecemos a Dios.

> En él también vosotros, habiendo oído la palabra de verdad, el evangelio de vuestra salvación, y habiendo creído en él, fuisteis sellados con el Espíritu Santo de la promesa, que es las arras de nuestra herencia hasta la redención de la posesión adquirida, para alabanza de su gloria.
>
> Efesios 1:13-14

> Y el que nos confirma con vosotros en Cristo, y el que nos ungió, es Dios, el cual también nos ha sellado, y nos ha dado las arras del Espíritu en nuestros corazones.
>
> 2 Corintios 1:21-22

También debemos explicar que aunque las huestes espirituales de maldad no pueden poseer el cuerpo del creyente, sí pueden hacerle daño. Estos espíritus pueden atar desde afuera las mentes de los creyentes y mantenerlos en derrotas en ciertas esferas de su vida. Los cristianos pueden ser atados en incredulidad, temor, dudas, enemistades, rencor, falta de perdón, celos, envidias, avaricias, pornografía, adulterio, fornicación, raíz de amargura, violencia, mentira, obscenidades y muchas otras cosas más. Por eso las Escrituras nos dice que no le demos «lugar al diablo» (Efesios 4:27).

Nosotros los cristianos nos enfrentamos a todo este ejército maligno que acabamos de detallar por sus rangos y posiciones,

Estamos en guerra

pues es quien nos causa aflicciones. A este mismo ejército es al que tenemos que combatir en el Nombre de nuestro Señor Jesús.

Notas

1. W.E. Vine, *Vine: Diccionario Expositivo de palabras del Antiguo y del Nuevo Testamento Exhaustivo*, bajo «Lucha, luchar», Grupo Nelson, Nashville, TN, 1999, p. 512.
2. Earl D. Radmacher, Roland B. Allen, H. Wayne House, *Nuevo Comentario Ilustrado de la Biblia*, Grupo Nelson, 2002, p. 1659.
3. W.E. Vine, *Vine: Diccionario Expositivo de palabras del Antiguo y del Nuevo Testamento Exhaustivo*, bajo «Afligir, aflicción», Grupo Nelson, Nashville, TN, 1999, p. 29.
4. *Ibidem*, pp. 28-29
5. Earl D. Radmacher, Roland B. Allen, H. Wayne House, *Nuevo Comentario Ilustrado de la Biblia*, Grupo Nelson, 2002, p. 1319.
6. *Ibidem*, p. 997.
7. *Ibidem*, p. 1186.

Por lo demás, hermanos míos, fortaleceos en el Señor, y en el poder de su fuerza.

EFESIOS 6:10

Capítulo 8

FORTALEZCÁMONOS EN ÉL

En este pasaje de Efesios, el apóstol Pablo nos habla de lo importante que es para la iglesia fortalecerse en Dios para esta guerra espiritual que enfrenta todo creyente. En este capítulo hablaremos sobre este tema: La necesidad de fortalecernos en el Señor y en el poder de su fuerza.

A manera de introducción, quisiera narrarte una pequeña ilustración que nos muestra de una forma sencilla cómo nos debemos preparar.

Se cuenta que Juan el tigre estaba sentado en la floresta afilando sus garras. De momento, vino Tomás el tigre que pasaba por ese lugar, y cuando vio a su amigo afilando sus garras, le preguntó:

—¿Qué estás haciendo Juan el tigre?

—Estoy afilando mis garras —le respondió.

—¿Por qué? Yo no veo ningún peligro a la vista.

—Yo preparo mis armas cuando no tengo necesidad —respondió de inmediato Juan el tigre—. Así evito que cuando corra algún riesgo, no vaya a estar preparado.

Esta ilustración nos describe la necesidad de estar preparados siempre. A la Iglesia le hace falta justo eso: ¡Estar preparada! Entonces, como formamos parte de la Iglesia de Cristo, nuestra preparación exige que nos fortalezcamos.

ALISTADOS PARA LA GUERRA

Un ejército se fortalece haciendo ejercicios físicos y rutinas militares. De esa manera se pone en forma para la batalla. Ningún ejército del mundo espera a tener una guerra para comenzar los entrenamientos militares. Si observamos cómo se preparan los ejércitos de la tierra, nos damos cuenta que siguen todo un procedimiento bien organizado con el fin de estar listos para cualquier eventualidad.

Cuando los jóvenes se inscriben en las Fuerzas Armadas de los Estados Unidos, ya sea en la Armada, el Cuerpo de Marines, la Guardia Costera, la Fuerza Aérea o el Ejército, los reclutan y los llevan a las bases militares según la rama en la cual se inscribieron para servir. Allí reciben el entrenamiento físico mediante ejercicios rigurosos y los preparan militarmente de acuerdo a su campo de servicio. Sin embargo, a todos los entrenan antes de que haya guerra, antes de que los ataquen o que se encuentren en conflicto con otro país.

Del mismo modo que los ejércitos de la tierra se alistan, la Iglesia tiene el llamado a prepararse. Tenemos que tomar medidas antes de que nos ataquen, a fin de saber cómo combatir al enemigo y vencerlo. El cristiano no puede esperar la ofensiva para fortalecerse, esto sería desastroso. Por esa razón, el apóstol insta a la iglesia a fortalecerse frente a un enemigo sutil y bien organizado. Es evidente que Pablo expone la necesidad de fortalecerse en el Señor cuando dice:

> Por lo demás, hermanos míos, fortaleceos en el Señor, y en el poder de su fuerza.
>
> Efesios 6:10

Fortalezcámonos en Él

La palabra «fortaleceos» se puede traducir también como «ser fortalecidos». La palabra «fortalecidos» significa «fortificados, endurecidos, robustecidos, vigorizados». Por otra parte, la palabra «fortaleceos» sugiere la idea de que no podríamos vencer por nosotros mismos, puesto que esta guerra no es una lucha en el ámbito físico, sino que es una lucha espiritual. No debemos pasar por alto el hecho de que luchamos frente a un ejército feroz, cruel, maligno, pero invisible a nuestros ojos físicos. Por esta razón se nos exhorta a fortalecernos en el Señor y en el poder de su fuerza.

Aquí queda claro que el apóstol Pablo no está hablando de fortaleza humana, sino de la fuerza que viene del Señor. Por eso es preciso al afirmar que debemos fortalecernos en el Señor, quien es el que nos da de su fuerza para que nos fortalezcamos.

LA NECESIDAD DE ORAR POR FORTALEZA

¿Cómo nos podemos fortalecer en el Señor? A través de la oración. La Biblia nos enseña que la vida del cristiano debe ser de constante oración (Romanos 12:12; 1 Tesalonicenses 5:17). La oración es el vínculo que tenemos para abrir la comunicación entre nosotros y Dios. En ese diálogo con Dios es que podemos pedir fortaleza espiritual para poder resistir los dardos de fuego que el enemigo envía para hacernos tropezar en nuestra vida cristiana.

Vemos que el apóstol Pablo oró por la iglesia de Éfeso para que recibieran fortaleza. Es más, en su epístola a esta iglesia encontramos una valiosa, profunda y grandiosa enseñanza que Dios le reveló al apóstol para que nosotros la usáramos también para fortalecernos:

> Por esta causa doblo mis rodillas ante el Padre de nuestro Señor Jesucristo, de quien toma nombre toda familia en los cielos y en la tierra, para que os dé, conforme a las riquezas de su gloria, el ser fortalecidos con poder en el hombre interior por su Espíritu;

para que habite Cristo por la fe en vuestros corazones, a fin de que, arraigados y cimentados en amor, seáis plenamente capaces de comprender con todos los santos cuál sea la anchura, la longitud, la profundidad y la altura, y de conocer el amor de Cristo, que excede a todo conocimiento, para que seáis llenos de toda la plenitud de Dios.

Efesios 3:14-19

Nota que Pablo dijo que su oración era para que el Padre «os dé». Con esta frase enfatiza que no se trata de una fortaleza que podamos adquirir por nuestra cuenta, puesto que no es la que le da vigor a los músculos físicos, sino la que da Dios, viene de Él y se efectúa en el espíritu del hombre nacido de nuevo. Es decir, en el hombre interior creado y renovado por Dios. Así como el cuerpo físico, o el hombre exterior, se fortalece y crece con el alimento que come, el hombre interior vive, crece y se fortalece por la fe y la Palabra de Dios.

LA FORTALEZA QUE VIENE DEL ESPÍRITU

Nuestro hombre interior es el que se deleita en la Palabra de Dios, tal como nos dice el apóstol Pablo: «Porque según el hombre interior, me deleito en la ley de Dios» (Romanos 7:22). Allí dentro de nuestro espíritu es donde también, por la fe, tenemos a Cristo morando en nuestra vida, la cual debemos fortalecer. Aun cuando por las pruebas y las situaciones difíciles quizá nos sintamos débiles físicamente, en nuestro espíritu somos fortalecidos por el Espíritu de Dios. En la carta a la iglesia de Corinto el apóstol nos dice:

> Por tanto, no desmayamos; antes aunque este nuestro hombre exterior se va desgastando, el interior no obstante se renueva de día en día.
>
> 2 Corintios 4:16

Fortalezcámonos en Él

Con toda claridad vemos que es dentro de nosotros, en nuestro espíritu, donde somos fortalecidos con poder. Aquí se nota también algo muy importante: Pablo pide que Dios dé la fortaleza, pero el Espíritu es el que lleva a cabo esta operación: «Para que os dé, conforme a las riquezas de su gloria, el ser fortalecidos con poder en el hombre interior por su Espíritu» (Efesios 3:16).

El Espíritu Santo es el que obra en el creyente fortaleciendo todo su ser interior; es decir, el espíritu del hombre renace después de recibir a Cristo como su Señor y Salvador. Además, el Espíritu de Dios es el que fortalece la fe en el creyente uniéndolo así con Cristo. Esta unión es la que permite que Cristo viva en nosotros y nosotros vivamos en Cristo.

Si seguimos leyendo en el capítulo 3, encontramos que el propósito de Dios al fortalecernos en nuestro hombre interior por su Espíritu es para que habite Cristo por la fe en nuestros corazones.

> Para que habite Cristo por la fe en vuestros corazones, a fin de que, arraigados y cimentados en amor, seáis plenamente capaces de comprender con todos los santos cuál sea la anchura, la longitud, la profundidad y la altura, y de conocer el amor de Cristo, que excede a todo conocimiento, para que seáis llenos de toda la plenitud de Dios.
>
> Efesios 3:17-19

En el *Nuevo Comentario Ilustrado de la Biblia* se analiza este pasaje de la siguiente manera:

> De modo, **ser fortalecidos** por el Espíritu para que **habite Cristo**, y ser consolidados **en amor**, son cosas básicas en el crecimiento cristiano. **habite** viene de una palabra griega que se usa para residencia permanente[1].

La maravillosa presencia de Jesús invade nuestra vida y hace en ella su residencia permanente cuando ponemos nuestra fe en Él.

Entonces, al habitar Él en nosotros, hace reinar el amor de Dios en nuestro ser. ¡Aleluya!

Siguiendo en el capítulo 3 de Efesios, encontramos que Pablo da una idea más contundente de lo que significa fortalecerse cuando usa la frase «arraigados y cimentados en amor» (v. 17). Si analizamos la palabra «arraigados», nos damos cuenta que significa «enraizados o echar raíces, agarrados, prendidos, asidos». Por otra parte, si ponemos atención a la palabra «cimentados», encontramos que significa «fundados, establecidos, fijados, creados, construidos». Con estas definiciones entendemos cómo se realiza la fortaleza que surge en nuestro ser interior, según Pablo la describe en Efesios 3.

El Espíritu Santo transmite la misma vida de Cristo a nuestro espíritu poniendo un cimiento de amor y fe que permite que seamos cimentados, fundados y establecidos en Él. De esta manera, plantados en Cristo, nos fortalecemos y arraigamos como un frondoso árbol que se robustece cuando penetra sus raíces por debajo de la tierra. La palabra «arraigados» que el apóstol usa aquí nos sugiere una posición firme, inconmovible. Nos da una idea de estar fijos en un solo lugar, fijos en una misma doctrina, fijos en la Roca inconmovible de los siglos.

LA NECESIDAD DE ORAR POR CONOCIMIENTO

Así como oramos para pedirle al Padre que nos fortalezca en nuestro hombre interior por su Espíritu, necesitamos pedirle que nos llene de conocimiento. A fin de estar arraigados y cimentados en Él, no solo necesitamos la fe, sino que debemos tener también conocimiento. La Palabra nos dice:

> Vosotros también, poniendo toda diligencia por esto mismo, añadid a vuestra fe virtud; a la virtud, conocimiento.
>
> 2 Pedro 1:5

Fortalezcámonos en Él

Sin duda alguna, necesitamos conocimiento, necesitamos conocer la Palabra, necesitamos saber lo que nos enseña para poder crecer en el conocimiento de Dios. No podemos estar fijos en Cristo, fijos en la Roca, fijos en la doctrina, si no tenemos el conocimiento de esto. El diablo zarandea al creyente que no tiene conocimiento como los vientos zarandean a los árboles. Como resultado, lo engaña y lo destruye.

Por lo tanto, en la guerra espiritual que enfrentamos no podemos pasar por alto que para fortalecernos en el Señor necesitamos conocimiento. Necesitamos el conocimiento para saber quién es Jesús y quién es Dios, así como el conocimiento de la obra del Espíritu Santo.

LA ORACIÓN PARA RECIBIR ESPÍRITU DE SABIDURÍA Y REVELACIÓN EN EL CONOCIMIENTO DEL SEÑOR

Cuando ya estamos establecidos en Cristo y afirmados por la fe en Él, como dijimos antes, uno de los recursos que necesitamos para fortalecernos cada día en el Señor es el conocimiento. Sin embargo, no se trata de un conocimiento abstracto ni parcial, sino de un conocimiento profundo. Debemos ser conscientes que, desde el punto de vista humano, nuestra mente es limitada para entender la profundidad que encierra conocer a Jesús tal y como es Él, y mucho menos entender la grandeza y profundidad de su amor. El amor de Cristo es tan grande que escapa a nuestra comprensión. Entonces, para fortalecernos necesitamos que el Espíritu de Dios, quien nos fortalece en nuestro hombre interior, nos llene de espíritu de sabiduría y revelación en el conocimiento de Él.

Por eso es que el apóstol Pablo, en su epístola a la iglesia de Éfeso, también le enseña que le pida en oración al Señor que le conceda espíritu de sabiduría y revelación en el conocimiento de Él.

Por esta causa también yo, habiendo oído de vuestra fe en el Señor Jesús, y de vuestro amor para con todos los santos, no ceso de dar gracias por vosotros, haciendo memoria de vosotros en mis oraciones, para que el Dios de nuestro Señor Jesucristo, el Padre de gloria, os dé espíritu de sabiduría y de revelación en el conocimiento de él, alumbrando los ojos de vuestro entendimiento, para que sepáis cuál es la esperanza a que él os ha llamado, y cuáles las riquezas de la gloria de su herencia en los santos, y cuál la supereminente grandeza de su poder para con nosotros los que creemos, según la operación del poder de su fuerza, la cual operó en Cristo, resucitándole de los muertos y sentándole a su diestra en los lugares celestiales, sobre todo principado y autoridad y poder y señorío, y sobre todo nombre que se nombra, no sólo en este siglo, sino también en el venidero; y sometió todas las cosas bajo sus pies, y lo dio por cabeza sobre todas las cosas a la iglesia, la cual es su cuerpo, la plenitud de Aquel que todo lo llena en todo.

Efesios 1:15-23

Algunos comentaristas bíblicos dicen que cuando el apóstol Pablo habló aquí de espíritu de revelación y sabiduría, se refería al Espíritu Santo. Yo no tengo ninguna objeción al respecto, pues como dijimos antes, el Espíritu Santo es quien dirige todas las operaciones espirituales en la vida de un creyente. Incluso, la Biblia nos dice lo siguiente:

- El Espíritu Santo es el que convence al pecador de su pecado: «Y cuando él venga, convencerá al mundo de pecado, de justicia y de juicio» (Juan 16:8).
- El Espíritu Santo es el que nos guía a toda verdad: «Pero cuando venga el Espíritu de verdad, él os guiará a toda la verdad» (Juan 16:13).
- El Espíritu Santo es el que también nos llena de poder, pues Jesús prometió la plenitud, el bautismo del Espíritu Santo, cuando dijo: «Pero recibiréis poder, cuando haya venido sobre vosotros el Espíritu Santo» (Hechos 1:8).

Fortalezcámonos en Él

LA OBRA DEL ESPÍRITU SANTO

Según las Escrituras, de seguro que todos podemos estar de acuerdo en que el Espíritu Santo es el encargado de operar en la vida de un creyente para fortalecerlo, transformarlo, llenarlo de conocimiento y llevarlo a un crecimiento espiritual mayor cada día hasta llegar a la estatura del varón perfecto (Efesios 4:13).

El Espíritu Santo es la tercera persona de la Trinidad. Por lo tanto, Él es Dios. La Biblia nos dice que cuando aceptamos a Cristo, Él viene a morar en nosotros. ¡Qué tremendo! Dios mismo mora en nosotros a través de la persona del Espíritu Santo. Todo creyente tiene al Espíritu Santo. Todos recibimos el Espíritu Santo cuando nos convertimos. Así que cuando recibimos el espíritu de adopción mediante el nuevo nacimiento, el Espíritu Santo nos sella para garantizarnos que somos hijos de Dios, como nos lo dice con claridad la Palabra en este pasaje:

> En él también vosotros, habiendo oído la palabra de verdad, el evangelio de vuestra salvación, y habiendo creído en él, fuisteis sellados con el Espíritu Santo de la promesa, que es las arras de nuestra herencia hasta la redención de la posesión adquirida, para alabanza de su gloria.
>
> Efesios 1:13-14

Sin embargo, este sello que recibimos no es la plenitud del Espíritu. No debemos confundir «las arras del Espíritu» con «la plenitud del Espíritu». Todo creyente debe pedir, anhelar, ser lleno de la plenitud del Espíritu Santo. Esta es una experiencia única, increíble, asombrosa y maravillosa. Es una fortaleza grande en la oración. Es un poder extraordinario para nuestra vida diaria, a fin de pelear en la guerra espiritual que enfrentamos y para hacer la obra de Dios. Por eso Jesús, al referirse a la plenitud, o el bautismo, del Espíritu Santo, dijo: «Pero recibiréis poder, cuando haya venido sobre vosotros el Espíritu Santo» (Hechos 1:8).

Dios quiere dar esta plenitud a cada creyente, pero muchos son los que dicen: «Yo lo pedí y nunca lo recibí». Así que por esa experiencia no creen que exista el bautismo del Espíritu Santo hoy en día. Dan por sentado que las arras del Espíritu es lo mismo que el bautismo. Yo entiendo esto, porque a mí me sucedió también. Viendo que mi hermano Félix recibió el bautismo en el Espíritu y hablaba en otras lenguas, quise tener esta experiencia y le pedí al Señor que me bautizara en el Espíritu y hablara en otras lenguas.

Sin embargo, no lo recibí de inmediato, por lo que comencé a pensar que esto no era para todo el mundo, sino para las personas a las que Dios quería dárselo. Mucho tiempo después, meditando en la Palabra, entendí que este regalo Dios quería dárselo a todos sus hijos. Por lo tanto, volví a pedírselo al Señor, pero esta vez con toda fe y convicción que Dios me lo quería dar y lo recibí. ¡Alabado sea el Señor! Dios quiere darle este hermoso regalo a todo creyente nacido de nuevo. Si tú no lo has recibido, quiero que sepas que este regalo es para ti también.

EL BAUTISMO DEL ESPÍRITU

Si vas conmigo a Hechos 19:1-7, leemos la historia donde el apóstol Pablo encontró a unos discípulos que no sabían nada del Espíritu Santo y ni siquiera habían oído hablar de Él. El bautismo que recibieron fue el de Juan, para arrepentimiento de sus pecados, pero nada más. Cuando Pablo les explicó que Juan bautizaba para arrepentimiento a fin de que creyeran en el que vendría después de él, esos hombres al oír lo que les decía Pablo creyeron en Jesús y fueron bautizados. Después de esto, la Palabra nos dice:

> Y habiéndoles impuesto Pablo las manos, vino sobre ellos el Espíritu Santo; y hablaban en lenguas, y profetizaban.
>
> Hechos 19:6

Si lo analizas, Pablo no los dejó solo con el sello del Espíritu al recibir a Jesús y ser bautizados en agua. La Biblia nos dice que les impuso las manos para que recibieran el bautismo del Espíritu Santo; es decir, la plenitud del Espíritu, pues se debe recibir al Espíritu Santo de una forma plena.

Pablo quería que los hermanos supieran que recibir a Cristo y ser bautizados en agua no era todo en la vida de un creyente, que había mucho más para recibir y aprender. Quería que supieran que la iglesia necesita tener un conocimiento amplio de las cosas espirituales que se nos han dado. Quería que experimentaran la fortaleza que viene al hombre interior cuando se recibe la plenitud del Espíritu para poder resistir todo el acecho del maligno en contra de nuestras vidas.

Además, Pablo entendía que todo creyente necesitaba de la sabiduría y la revelación que solo el Espíritu puede dar para llegar a poseer un conocimiento pleno. El apóstol deseaba que la iglesia experimentara este proceso del Espíritu Santo impartiéndole conocimiento y sabiduría al hombre interior. Este es un proceso lento, pero necesario, para estar preparados para la guerra que enfrentamos.

Después que nuestras raíces espirituales se arraigan por la fe en Cristo, el Espíritu Santo comienza a llenarnos con su sabiduría de modo que vamos creciendo en fortaleza y obteniendo un conocimiento nuevo cada día hasta llegar a ser «plenamente capaces de comprender con todos los santos cuál sea la anchura, la longitud, la profundidad y la altura, y de conocer el amor de Cristo, que excede a todo conocimiento», a fin de ser «llenos de toda la plenitud de Dios» (Efesios 3:18-19).

EL ESPÍRITU SANTO NOS REVELA LA OBRA REDENTORA DE JESÚS

Es bueno recalcar que el principal objetivo por el que el apóstol pide en oración que Dios le dé a la iglesia espíritu de sabiduría y revelación es para que recibieran un profundo conocimiento de la persona de Cristo, su perfección y su obra redentora.

Pablo les enseñaba que debemos pedirle al Espíritu Santo que abra nuestro entendimiento limitado, nuestro entendimiento humano, y lo llene de la sabiduría de Cristo:

> Mas por él estáis vosotros en Cristo Jesús, el cual nos ha sido hecho por Dios sabiduría, justificación, santificación y redención.
>
> 1 Corintios 1:30

Si Jesús es nuestra sabiduría, y Él vive en nosotros por medio del Espíritu Santo, es maravilloso el proceso que se produce en nuestro interior, pues el Espíritu toma la sabiduría que es Cristo mismo y la implanta en nuestro corazón. El propio Jesús dijo que el Espíritu lo honraría, pues tomaría de lo suyo y nos lo haría saber (Juan 16:14). Por consiguiente, el Espíritu es el que alumbra nuestros ojos para que podamos ver esa sabiduría, y así nuestra mente se llene de la sabiduría de Dios.

También Pablo le pide al Padre de gloria que los ojos espirituales de los efesios fueran alumbrados; es decir, los ojos del corazón (Efesios 1:17-18). Y cuando hablamos del corazón, no nos referimos al órgano interno del cuerpo físico que bombea la sangre, sino que hablamos del centro de la vida del hombre que en otras traducciones se traduce como alma o mente. Según las Escrituras, en el corazón es donde está el centro de la vida:

> Sobre toda cosa guardada, guarda tu corazón; porque de él mana la vida.
>
> Proverbios 4:23

Solo cuando se ilumina el corazón del hombre, es que puede tener conocimiento de la gloria de Dios:

> Porque Dios, que mandó que de las tinieblas resplandeciese la luz, es el que resplandeció en nuestros corazones, para

iluminación del conocimiento de la gloria de Dios en la faz de Jesucristo.

2 Corintios 4:6

Cuando los ojos del corazón son iluminados, el creyente comienza a vislumbrar cuál es la esperanza que tenemos en Él. Comienza a darse cuenta cuál es la esperanza de su llamamiento. Pablo es claro al decirnos: «Para que sepáis cuál es la esperanza a que él os ha llamado». La palabra «llamado» viene del término griego *kaleo*. Según el diccionario de *Vine*:

> *kaleo* (καλέω, 2564) [...] Se usa: (a) con un objeto personal, llamar a alguien, invitar, convocar (p.ej., Mt 20.8; 25.14); particularmente del llamamiento divino a participar de las bendiciones de la redención (p.ej., Ro 8.30; 1 Co 1.9 [«Fiel es Dios, por el cual fuisteis llamados a la comunión con su Hijo Jesucristo nuestro Señor»]; 1 Ts 2.12; Heb 9.15)[2].

Por otra parte, esta iluminación divina en el corazón nos hace percibir las gloriosas riquezas de la herencia de Dios reservadas para los santos. Sin embargo, esta herencia es tan grande que aun cuando el apóstol emplea palabras elocuentes, no puede llegar a describirlas en su totalidad, pues como él mismo dijera:

> Mas hablamos sabiduría de Dios en misterio, la sabiduría oculta, la cual Dios predestinó antes de los siglos para nuestra gloria, la que ninguno de los príncipes de este siglo conoció; porque si la hubieran conocido, nunca habrían crucificado al Señor de gloria. Antes bien, como está escrito: Cosas que ojo no vio, ni oído oyó, ni han subido en corazón de hombre, son las que Dios ha preparado para los que le aman.
>
> 1 Corintios 2:7-9

Con nuestros ojos espirituales abiertos podemos ver la excelencia del poder de Dios. Este poder no es humano, ni está cerca de parecerse al mayor poder humano que podamos entender. Pablo, buscando la forma de describir este grandioso poder, usa la frase «supereminente grandeza de su poder» (Efesios 1:19), a fin de definir la impresionante y majestuosa potencia del mismo.

Las Escrituras nos dejan ver en claro que este majestuoso poder actúa en nosotros los que creemos. Es más, actúa en nosotros de la misma manera que lo hizo en Cristo levantándolo de los muertos y sentándolo a la diestra de la Majestad de Dios en las alturas. La supereminente grandeza de este poder que levantó a Jesús de entre los muertos, que obró en esta gloriosa resurrección de Jesucristo sacándolo de la tumba, es el mismo poder que opera en el creyente sacándolo de una vida de pecado y llevándolo a una plena comunión y unión con Cristo.

Este asombroso poder nos rescató, nos libró del reino de las tinieblas, y nos trasladó «al reino de su amado Hijo, en quien tenemos redención por su sangre, el perdón de pecados» (Colosenses 1:13-14). Además, «juntamente con él nos resucitó, y asimismo nos hizo sentar en los lugares celestiales con Cristo Jesús» (Efesios 2:6).

Cuando adquirimos este conocimiento, logramos tener un amplio entendimiento de la Palabra de Dios. Cristo, quien es nuestra sabiduría, también es la Palabra misma. Por tanto, con la sabiduría y la Palabra morando en nosotros, llegamos a poseer un profundo y alto conocimiento de la persona de Jesús y de la unión que tenemos con Él.

En el momento que llegamos a este nivel de conocimiento, podemos comprender lo que el apóstol nos dijo en la oración de Efesios 3, podemos entender entonces cuál es la anchura y altura de sus misericordias y su fidelidad que, como dijera el profeta Jeremías, son grandes y nuevas cada mañana, porque por su gran misericordia nosotros no fuimos consumidos, sino injertados en Él (Lamentaciones 3:22-23).

Una vez que nos implantan en el Señor, y habiendo recibido la iluminación de nuestros ojos por el Espíritu, estamos calificados para recibir la habilidad de comprender la profundidad y la

Fortalezcámonos en Él

longitud del incomparable amor de Cristo, el cual excede a todo conocimiento. Con este incomparable amor, nos salvó, murió por nosotros, sin importarle quiénes éramos, ni la magnitud de nuestras transgresiones:

> Mas Dios muestra su amor para con nosotros, en que siendo aún pecadores, Cristo murió por nosotros.
>
> Romanos 5:8

EL CONOCIMIENTO PLENO

Al leer estos pasajes nos damos cuenta que el conocimiento del que nos habla Pablo aquí vas más allá de saber que hay un Dios en el cielo. Este conocimiento no es una comprensión superficial de Dios, no es tener una noción tradicional o religiosa de Él.

Por tanto, para que podamos llegar a un conocimiento pleno del amor de Cristo, tenemos que pedir ser llenos de sabiduría y revelación para que nuestros ojos se abran y podamos entender su Palabra, y así conocer al Dios que nos llamó por su gracia. Pablo nos insta a conocer al Dios del cielo, a conocerlo de manera profunda, a conocerlo de verdad. El motivo de que tantos creyentes no estén fortalecidos en Dios es por la falta de conocimiento que se tiene de las Escritura.

Recuerdo una vez en que a Josué, mi esposo, lo invitaron a predicar en una iglesia extremadamente legalista en la costa este, aquí en los Estados Unidos. En ese entonces, nosotros estábamos recién casados. Cuando llegamos y entramos, el ruido era ensordecedor. La iglesia era de esas construcciones antiguas con el piso de madera y con mucha acústica. Terminaron la alabanza todos hablando en lenguas, gritando, saltando y dando zapatazos en el piso.

En ese alboroto, el pastor le dio el micrófono a Josué, quien en un intento de calmar a la congregación, les pedía que abrieran sus Biblias para leer. Nada los hacía calmar. Por más que Josué les hablaba, nada los callaba. Así que Josué le dijo al pastor que hiciera algo, a lo cual este contestó: «Grite usted junto con ellos». Alarmado por la respuesta del pastor, Josué le dijo: «Disculpe, pastor, a mí no me invitaron para gritar, sino para predicar». Concluyendo la historia, Josué no pudo predicar y la iglesia se quedó sin recibir la Palabra.

Quizá me diga: «Hermana, eso era el derramamiento del Espíritu Santo». A lo que yo le respondería: «¡No! Jamás el Espíritu Santo haría algo así». El Espíritu Santo es dulce, amoroso, gentil, tierno y ordenado, pues Él es Dios. Por tanto, no iría jamás en contra de su Palabra.

Por medio del apóstol Pablo, Dios le enseñó a la iglesia de Corinto sobre este tema y le dijo:

> ¿Qué, pues? Oraré con el espíritu, pero oraré también con el entendimiento; cantaré con el espíritu, pero cantaré también con el entendimiento. Porque si bendices sólo con el espíritu, el que ocupa lugar de simple oyente, ¿cómo dirá el Amén a tu acción de gracias? pues no sabe lo que has dicho. Porque tú, a la verdad, bien das gracias; pero el otro no es edificado. Doy gracias a Dios que hablo en lenguas más que todos vosotros; pero en la iglesia prefiero hablar cinco palabras con mi entendimiento, para enseñar también a otros, que diez mil palabras en lengua desconocida.
> 1 Corintios 14:15-19

Dios honra su Palabra, Él no actúa en contra de ella. El Salmo 138:2 dice: «Porque has engrandecido tu nombre, y tu palabra sobre todas las cosas». Si Él la engrandeció, quiere decir que la honra, así que Él no va a decir una cosa y luego va a hacer otra.

Tal vez me digas: «Hermana, usted habla así porque creció en la iglesia bautista, y no entiende lo que es hablar en lenguas». ¡No! ¡De ninguna manera! Crecí en la iglesia bautista y amo a los hermanos bautistas, y como bautista aprendí que todo tiene un orden y que la casa de Dios se respeta. Sin embargo, también fui bautizada con el Espíritu Santo y hablo en lenguas como cualquier pentecostal, pero sé que muchos se mueven por emoción y esta se puede controlar. Además, Dios es un Dios de orden, y la Biblia establece que todo se haga «decentemente y con orden» (1 Corintios 14:40).

Cuento esta historia para que veas cómo trabaja el enemigo, y cómo penetra dentro del pueblo de Dios y usa sus debilidades para destruirlo. Lo que sucedió en esa iglesia fue triste. Usando la falta de conocimiento bíblico de los hermanos, el diablo les privó de oír la Palabra de Dios. Pensaban que estaban bien y no se dieron cuenta de que el enemigo les hacía dar rienda suelta a sus emociones para lograr su propósito. Esa noche no se alimentaron con la Palabra que es la que redarguye, exhorta y alumbra nuestro caminar para hacernos ver lo que está torcido en nuestra vida y así poderlo enderezar. Debemos tener en claro que hay un tiempo para todas las cosas. Hay un tiempo para orar en privado, hay un tiempo para orar colectivamente en la iglesia y hablar en lenguas, hay un tiempo para alabar, pero no se puede quitar el tiempo de la Palabra. Sin lugar a dudas, para fortalecernos, necesitamos conocimiento:

> Mi pueblo fue destruido, porque le faltó conocimiento.
>
> Oseas 4:6

Necesitamos conocer al Señor para poder fortalecernos en su fuerza. Su fortaleza nos hace fuertes cuando dejamos que su Palabra penetre en nuestro corazón y eche raíces. Entonces, su Espíritu nos fortalecerá en nuestro hombre interior para poder estar firmes ante las circunstancias adversas que tengamos que enfrentar y, a su vez, tener paz.

Notas

1. Earl D. Radmacher, Roland B. Allen, H. Wayne House, *Nuevo Comentario Ilustrado de la Biblia*, Grupo Nelson, 2002, p. 1501.
2. W.E. Vine, *Vine: Diccionario Expositivo de palabras del Antiguo y del Nuevo Testamento Exhaustivo*, bajo la acepción # 1 de la entrada «Llamar, llamamiento, llamado», Grupo Nelson, Nashville, TN, 1999, p. 502.

Porque no tenemos lucha contra sangre y carne, sino contra principados, contra potestades, contra los gobernadores de las tinieblas de este siglo, contra huestes espirituales de maldad en las regiones celestes.
EFESIOS 6:12

Capítulo 9

LA REALIDAD DE LA ACTIVIDAD DEMONÍACA

El mundo espiritual es tan real como el aire que respiramos. Si creemos que existe Dios con un reino maravilloso en los cielos, también tenemos que afirmar que existe un reino espiritual maligno que trabaja arduamente para la destrucción del hombre. Este mundo espiritual existió mucho antes de la creación del mundo físico, y como dijimos en capítulos anteriores, después de la rebelión en los cielos estos espíritus invadieron la tierra para hacer guerra contra Dios destruyendo su creación. Por tanto, la actividad demoníaca es una realidad palpable en el mundo en que vivimos.

La historia antigua nos dice que a través de los tiempos en las diferentes civilizaciones y culturas, así como en los distintos cultos y religiones, los espíritus demoníacos siempre han estado presentes llevando a los pueblos mediante la idolatría a la ignorancia espiritual. Las Escrituras mismas también nos enseñan sobre la actividad demoníaca. A través de la Biblia vemos cómo los autores de los diversos libros expresan de varias formas la incursión de los espíritus malignos alrededor de los hombres.

LA MANIFESTACIÓN DEMONÍACA SEGÚN EL ANTIGUO Y EL NUEVO TESTAMENTO

En el Antiguo Testamento encontramos que todos los pueblos que circundaban a Israel, o por donde este pasaba, eran pueblos que tenían religiones politeístas con diversos ídolos que adoraban y servían. Para constatar a lo que me refiero, me gustaría nombrar algunos pueblos vecinos de Israel, y que menciona la Biblia en el Antiguo Testamento, donde la actividad demoníaca era abiertamente macabra con sus ritos espeluznantes.

Vale recordar que todos estos pueblos y sus ídolos fueron piedra de tropiezo para Israel, pues dejaban a Jehová, fuente de agua vida, por ir a beber a cisternas secas, como dijo el profeta Jeremías:

> Porque dos males ha hecho mi pueblo: me dejaron a mí, fuente de agua viva, y cavaron para sí cisternas, cisternas rotas que no retienen agua.
>
> Jeremías 2:13

Aunque todos estos pueblos tenían varios dioses a los que adoraban, solo mencionaremos algunos pueblos con los ídolos más conocidos entre ellos.

1. Moab

En Moab, tierra de donde era originaria Rut la abuela del rey David y pueblo vecino de Israel, la deidad principal que adoraban era Quemos. Al parecer, en la adoración a este abominable ídolo se practicaban rituales impuros y sacrificios humanos. Así lo atestigua el segundo libro de Reyes: «Entonces arrebató a su primogénito que había de reinar en su lugar, y lo sacrificó en holocausto sobre el muro» (2 Reyes 3:27)

2. Amón

Los amonitas eran una tribu hermana de Moab, pues ambos descendían de la relación incestuosa de Lot con sus hijas. Estos

La realidad de la actividad demoníaca

adoraban a Milcom y Moloc, ídolos detestables en su adoración. El *Nuevo Diccionario Ilustrado de la Biblia* nos comenta lo siguiente: «**MOLOC** Deidad nacional de los → AMONITAS («Milcom» en 1 R 11.5; 2 R 23.13 y Jer 49.1, 3), cuyo culto tal vez se basaba en el sacrificio de hombres, especialmente de niños. Las víctimas se colocaban vivas en los brazos enrojecidos por el fuego de la estatua hueca, de bronce, y con cabeza de becerro que representaba a Moloc. La víctima caía en el hoyo ardiente del ídolo al sonido de flautas y tambores»[1].

3. **Canaán**
Los cananeos eran descendientes de Cam, hijo de Noé, y adoraban la deidad femenina llamada Astoret. El *Nuevo Diccionario Ilustrado de la Biblia* dice: «**ASTORET** (en plural, Astarot). Diosa de la fertilidad y del amor sexual, deidad principal de los cananeos. A menudo se la presenta como el complemento femenino de Baal (Jue 2.13; 10.6; 1 S 7.3, 4; 12.10). Se conoce también con el nombre de Asera (Jue 6.25; 1 R 18.19). Parte esencial de su culto era la prostitución»[2].

4. **Asia Menor**
Baal era el dios que adoraban diferentes pueblos del Asia Menor. Entre estos pueblos se encontraban los babilonios, caldeos, fenicios, filisteos y sidonios. Para estos pueblos, Baal se consideraba el dios de la lluvia, el trueno y la fertilidad. A Baal también se le conocía con el nombre de Baal-zebub, la divinidad filistea que se adoraba en específico en la ciudad de Ecrón.

En el primer libro de Reyes tenemos referencia del dios Baal-zebub, pues el rey Ocozías envió a unos mensajeros para consultar a este dios de Ecrón: «Y Ocozías cayó por la ventana de una sala de la casa que tenía en Samaria; y estando enfermo, envió mensajeros, y les dijo: Id y consultad a Baal-zebub dios de Ecrón, si he de sanar de esta mi enfermedad» (2 Reyes 1:2).

El pueblo de Israel se contaminaba con la adoración a los ídolos siguiendo los ritos de sus vecinos paganos. Más de una vez leemos en la Biblia cómo los reyes de Israel se iban detrás de los dioses ajenos llevando al pueblo a la apostasía y, por esta razón, Dios se apartaba de ellos.

El rey Manasés, por ejemplo, contaminó al reino de Judá adorando a los baales y a Asera, también conocida entre los judíos como Astarté. Incluso, ofreció holocausto a Moloc sacrificando sus propios hijos en el fuego:

> De doce años era Manasés cuando comenzó a reinar, y cincuenta y cinco años reinó en Jerusalén. Pero hizo lo malo ante los ojos de Jehová, conforme a las abominaciones de las naciones que Jehová había echado de delante de los hijos de Israel. Porque él reedificó los lugares altos que Ezequías su padre había derribado, y levantó altares a los baales, e hizo imágenes de Asera, y adoró a todo el ejército de los cielos, y les rindió culto. Edificó también altares en la casa de Jehová, de la cual había dicho Jehová: En Jerusalén estará mi nombre perpetuamente. Edificó asimismo altares a todo el ejército de los cielos en los dos atrios de la casa de Jehová. Y pasó sus hijos por fuego en el valle del hijo de Hinom; y observaba los tiempos, miraba en agüeros, era dado a adivinaciones, y consultaba a adivinos y encantadores; se excedió en hacer lo malo ante los ojos de Jehová, hasta encender su ira. Además de esto puso una imagen fundida que hizo, en la casa de Dios, de la cual había dicho Dios a David y a Salomón su hijo: En esta casa y en Jerusalén, la cual yo elegí sobre todas las tribus de Israel, pondré mi nombre para siempre; y nunca más quitaré el pie de Israel de la tierra que yo entregué a vuestros padres, a condición de que guarden y hagan todas las cosas que yo les he mandado, toda la ley, los estatutos y los preceptos, por medio de Moisés. Manasés, pues, hizo extraviarse a Judá y a los moradores de Jerusalén, para hacer más mal que las naciones que Jehová destruyó delante de los hijos de Israel.
>
> 2 Crónicas 33:1-9

La realidad de la actividad demoníaca

¿Y qué diremos de Acab, rey de Israel, quien se casó con Jezabel, hija del rey de Sidón y sacerdotisa de Baal y Asera? Acab, dejándose llevar por la influencia de su esposa que lo manipulaba y ejercía un liderazgo mucho más fuerte que el suyo, llevó al pueblo de Israel a volcarse en una adoración completa a Baal y a Asera:

> Comenzó a reinar Acab hijo de Omri sobre Israel el año treinta y ocho de Asa rey de Judá. Y reinó Acab hijo de Omri sobre Israel en Samaria veintidós años. Y Acab hijo de Omri hizo lo malo ante los ojos de Jehová, más que todos los que reinaron antes de él. Porque le fue ligera cosa andar en los pecados de Jeroboam hijo de Nabat, y tomó por mujer a Jezabel, hija de Et-baal rey de los sidonios, y fue y sirvió a Baal, y lo adoró. E hizo altar a Baal, en el templo de Baal que él edificó en Samaria. Hizo también Acab una imagen de Asera, haciendo así Acab más que todos los reyes de Israel que reinaron antes que él, para provocar la ira de Jehová Dios de Israel.
>
> 1 Reyes 16:29-33

En el Nuevo Testamento, de igual manera, se nos dice que los gentiles adoraban ídolos a quienes les rendían grandes cultos proclamándolos dioses. Es importante que mencionemos que cada ídolo de las religiones antiguas, como las del tiempo presente, tiene un demonio asociado que induce a los pueblos a la idolatría con su adoración y sus sacrificios.

LOS DEMONIOS EN EL EJÉRCITO MALIGNO

Muchos son los que se preguntan: «¿Quiénes son los demonios?» o «¿Dónde se originaron los demonios?». La Biblia no especifica esto. Es más, no se nos da ningún detalle concreto al respecto. Lo que todo el mundo deduce es que el ejército maligno se formó con los ángeles caídos, puesto que después de la rebelión en los cielos algunos ángeles están presos:

Y a los ángeles que no guardaron su dignidad, sino que abandonaron su propia morada, los ha guardado bajo oscuridad, en prisiones eternas, para el juicio del gran día.

Judas 1:6

Otros ángeles caídos, sin embargo, están libres siguiendo al príncipe de las tinieblas en sus fechorías.

En mi opinión, el ejército maligno formó sus destacamentos militares según el rango o grado de autoridad que tenían estos seres espirituales antes de rebelarse en contra de Dios en el cielo. Creo que los principados y las potestades eran seres espirituales con alta jerarquía antes de la caída, y siguieron teniendo esa posición, pero en el reino espiritual maligno. Quizá los demonios sean quienes en un tiempo tuvieran el nivel de autoridad más bajo. Entonces, cuando los expulsaron del cielo, se convirtieron en demonios.

Quiero recalcar que esta es mi opinión, pues no hay nada comprobado. Como dije antes, la Biblia no especifica nada al respecto. Lo que sí podemos constatar bíblicamente es que los demonios son espíritus malignos que se oponen a Dios. Para más claridad, veamos lo que nos dice el *Nuevo Diccionario Ilustrado de la Biblia*:

> **DEMONIOS** (del griego *daímon* o *daimónion*). Seres espirituales hostiles a Dios y a los hombres. En el pensamiento griego popular se designaba así a los espíritus malos, y en particular a los de los muertos que ejercían su maleficio como fantasmas[3].

Según vemos en el *Nuevo Diccionario Ilustrado de la Biblia*, para la antigua cultura griega los demonios eran seres espirituales enemigos de Dios y de los hombres. También observamos que para los griegos era una realidad la creencia que los espíritus de las personas muertas vuelven a la tierra como fantasmas debido a que vagan sin encontrar reposo. Esta creencia antigua también la vemos en todas las culturas del mundo, inclusive en los tiempos actuales. Cuando en una casa o en cualquier recinto hay ciertos ruidos o sucesos que se producen sin la intervención humana, muchas personas dicen que tales lugares están embrujados porque salen fantasmas.

LA PRESENCIA DEMONÍACA

Diversas leyendas se han hecho muy populares en diferentes pueblos basándose en las creencias de que los espíritus de las personas muertas moran en ciertos lugares para atemorizar a la gente. La sociedad le da el nombre de fenómenos paranormales a estos hechos que suelen acontecer en distintos lugares y para los cuales no existe ninguna explicación racional ni científica.

Recuerdo que en Cuba, donde yo vivía cuando chica, había una casa grande de madera que estuvo deshabitada por mucho tiempo. A pesar de la gran escasez de viviendas que existía en el país, nadie se atrevía a habitar esa casa porque decían que salían fantasmas y se oían arrastrar cadenas. Historias como estas las oímos contar en diferentes partes del mundo.

Esta creencia se encuentra tan arraigada en los pueblos que muchas personas tienen miedo cuando muere un familiar o alguna persona conocida, porque creen que pueden venir a hacerles daño. Sin embargo, nosotros los creyentes sabemos que esto no es así, pues la Palabra de Dios nos dice «que está establecido para los hombres que mueran una sola vez, y después de esto el juicio» (Hebreos 9:27).

La Biblia es clara y establece que los hombres cuando mueren solo tienen dos lugares donde pueden ir después de la muerte: el cielo o el infierno. No existe un tercer lugar, no hay términos medios. Por lo tanto, el espíritu del hombre no puede volver a la tierra después de muerto. Debido a esto es muy importante que el hombre arregle su vida con Dios en este mundo mientras hay tiempo, porque una vez que muere, ya no hay más oportunidad. Si recibió a Cristo, va al cielo. Si lo rechazó, va al infierno.

Al conocer las Escrituras, entendemos que todos estos fenómenos paranormales no son otra cosa sino presencia demoníaca.

Cuando hay lugares, casas u objetos que tienen ruidos inexplicables, o se siente una presencia invisible que causa miedo, estos no son espíritus de muertos como se acostumbra creer. Estos no son otra cosa que la presencia demoníaca en los diferentes lugares haciendo de las suyas para mantener a los pueblos sumidos en la ignorancia. Entonces, hacen que les tengan miedo a los espíritus humanos de personas fallecidas cuando en realidad son ellos los que causan todos estos efectos raros para asustar.

Cuando Josué y yo nos casamos, pudimos constatar esto en el apartamento donde fuimos a vivir. Desde que se abría la puerta, se sentía una presencia maligna que nos observaba y un espíritu de temor que invadía el apartamento. Así que empezamos a orar y la lucha espiritual se hacía difícil. Por eso decidimos investigar quién vivió allí antes que nosotros.

Un día, al encontrarnos con el jardinero del lugar, quien era un indio estadounidense, Josué lo abordó para saber quiénes vivieron antes en nuestro apartamento. De inmediato, el hombre le contestó: «¿Por qué? ¿Ya sintieron los espíritus?». Resulta a ser que allí vivieron unos japoneses que eran amantes de jugar a la ouija. Con esto, invitaron a los demonios para que se apoderaran de aquel lugar y ahora no querían irse. Al saber lo sucedido, pudimos orar con conocimiento, y bajo el poder del Espíritu del Señor los echamos fuera.

La actividad de los demonios es real, pues habitan en lugares donde se les llamó antes con el juego de la ouija, o teniendo sesiones espiritistas, de magia o de cualquier juego esotérico.

LAS FUNCIONES DEMONÍACAS

En el Nuevo Testamento, empezando en los Evangelios, se catalogan a los demonios de la misma manera en que se hacía en la antigua cultura griega: la de un espíritu malo. Además de esto, se nos aclara muy bien que los espíritus malignos están siempre presentes para oponerse al plan de Dios.

La realidad de la actividad demoníaca

Así que podemos decir que los demonios son espíritus subalternos de Satanás que trabajan arduamente para el reino de las tinieblas. Como el diablo no es omnipresente porque no puede estar en todas partes, ni es omnisciente porque no puede saber lo que ocurre en el mundo entero, necesita a los demonios. Estos son sus informantes, son los que lo mantienen al tanto de todo lo que sucede en el mundo espiritual y en el mundo físico.

Como dijimos, los demonios actúan poseyendo a los hombres, atando sus mentes, tratando de arrebatarles la fe en el Señor Jesucristo, o solo obstruyendo y haciendo pesado todo trabajo para Dios. Además, estos seres malignos actúan siempre detrás de los ídolos con el fin de mantener a los pueblos engañados. Pablo, en su epístola a la iglesia de Corinto, enseña con claridad que detrás de todos los ídolos están los demonios recibiendo culto:

> Antes digo que lo que los gentiles sacrifican, a los demonios lo sacrifican, y no a Dios; y no quiero que vosotros os hagáis partícipes con los demonios.
>
> 1 Corintios 10:20

El apóstol aquí nos dice que cuando alguien se inclina delante de un ídolo y le rinde adoración ofreciéndole alimentos, sacrificios, ya sea caminar de rodilla por un largo tramo o darse de latigazos a sí mismos en sus espaldas hasta sangrar, o cualquier otro tipo de adoración con el fin de que le cumpla su pedido, se inclina delante de demonios. Así que les rinde loor y culto a estos seres malignos.

El ídolo en sí no es nada, pues es un muñeco, una escultura o una pintura hecha por la mano del hombre. El pintor o escultor no puede darle vida a su creación por más talentoso que sea. La vida solo la da Dios que es el Creador de todas las cosas. Por esta razón, cuando oyes que la pintura de una virgen está llorando, ten la seguridad que por detrás de este supuesto milagro están los demonios para seguir engañando y recibir más adoración de los pueblos.

El llanto es producto de un sentimiento que viene del alma. Dios creó al hombre con un cuerpo físico, y en este cuerpo puso un alma y un espíritu. El alma es la parte del hombre donde se encuentran su intelecto y sus emociones. Debido a eso es que el ser humano llora o ríe de acuerdo a la emoción que lo envuelve en el momento. Los ídolos carecen de alma y no tienen vida. Por tanto, no pueden llorar, pues son solo obra del talento de un hombre, ya sea con el pincel o con el cincel. Como dice el salmista:

> Los ídolos de ellos son plata y oro, obra de manos de hombres. Tienen boca, mas no hablan; tienen ojos, mas no ven; orejas tienen, mas no oyen; tienen narices, mas no huelen; manos tienen, mas no palpan; tienen pies, mas no andan; no hablan con su garganta. Semejantes a ellos son los que los hacen, y cualquiera que confía en ellos.
>
> Salmo 115:4-8

En nuestros tiempos, la actividad demoníaca está presente del mismo modo que en los tiempos antiguos. Hoy en día la vemos, aunque disfrazada bajo el nombre de cultura, folclore o mitología, influyendo en todos los falsos cultos y religiones existentes en el mundo.

EL HINDUISMO Y SUS CREENCIAS

Si analizamos las diferentes religiones que existentes en nuestros tiempos, y comenzamos a leer cuáles son sus creencias y ritos, nos damos cuenta de que tras bastidores están los demonios manteniendo a pueblos enteros sumidos en una total ignorancia espiritual.

El hinduismo, por ejemplo, es una de las religiones paganas predominantes en el mundo actual, y se le denomina como religión panteísta. El panteísmo es la doctrina que enseña que todo es dios. Por lo tanto, también se le puede considerar como una religión politeísta, pues adoran a muchos dioses.

La realidad de la actividad demoníaca

En la India hay millones de dioses que adora la población. Los demonios que actúan por detrás de esta religión mantienen a sus seguidores en una completa ceguera espiritual. Es tanta la ignorancia espiritual a que son sometidos que es asombroso ver cómo edifican templos para adorar ratones como si estos pequeños roedores fueran dioses. Hacen templos para elefantes donde les ofrecen grandes arreglos florales, los coronan y los adoran como dioses. De la misma forma también adoran monos, vacas y muchas otras cosas más, pues para ellos todo es dios.

Cuando estuvimos en la India, pudimos constatar esta veneración a las vacas al reverenciarlas a su paso como si fueran dioses. En cuanto salimos del hotel, notamos que los peatones tenían que correr cuando iban a cruzar las calles, pues los autos no se detenían. Sin embargo, cuando se les atravesaba una vaca, todos los autos paraban automáticamente para esperar que este animal, a quien se considera un dios, pasara al otro lado.

¿Puedes creer esto? Es asombroso ver cómo el diablo puede nublar el entendimiento de una persona haciéndole creer que un animal que no tiene raciocinio pueda ser un dios. Lo más triste de todo es que la mentira que el diablo les hace vivir no les permite ver al Dios verdadero que los ama y envió a su Hijo a morir por ellos para liberarlos del poder del diablo.

En esta religión no solo se adora como dioses a los animales, pues para ellos todo es dios. A cada cosa creada que consideran sagrada también le rinden loor. Si has leído acerca de la India, o has viajado a este país, de seguro que sabes que veneran el río Ganges. Según sus creencias, este río está personificado por Maa Ganga (madre Ganges) o Ganga Devi (diosa Ganges), y por eso lo consideran un río sagrado. Creen que las aguas de este río pueden purificar todos los pecados en la vida del hombre. Por esta razón, vemos la peregrinación de muchas personas que vienen de todas partes a bañarse en el río.

La ceguera espiritual que los envuelve es tan grande que aun cuando las aguas del Ganges están sucias y contaminadas, la gente se sumerge allí para lavar sus cuerpos. Incluso, beben esa agua y realizan grandes meditaciones y adoración en dicho río. Además de esto, el Ganges bordea una de las ciudades sagradas del hinduismo llamada Vārānasī o Benarés. En su fanatismo, muchos enfermos terminales vienen para morir aquí. Los hindúes creen que si mueren junto al Ganges en la ciudad de Vārānasī, quedan liberados del ciclo de reencarnaciones. ¡Qué tristeza! ¡Cuánta ignorancia espiritual! Y toda esta ceguera espiritual la causan los demonios que trabajan de manera incesante para mantenerlos en esa deplorable condición espiritual.

LA GUERRA DE LAS FALSAS RELIGIONES CONTRA EL CRISTIANISMO

Los demonios que actúan por detrás del hinduismo levantan a los practicantes de esta religión con gran violencia en contra de quienes quieran apartarlos de ese yugo de esclavitud a que están sometidos, pues hasta matan a los cristianos y persiguen al cristianismo en general. Entre 2010 y 2011, hubo una gran persecución en la India donde a muchos pastores los crucificaron, a otros los quemaron vivos y a otros más los mataron de diferentes formas.

Cuando estuvimos en la India, Dios nos guardó de ser víctimas de la violencia que ejerce esta religión sobre los cristianos. El pastor Benjamín organizó una campaña previa en Chromepet, una ciudad cerca de Chennai, antiguamente Madrás, antes de la campaña que tendríamos nosotros en la Marina Beach en Chennai. Los hermanos construyeron una plataforma grande, y en la parte de atrás había un lugar cerrado para que un equipo de hermanos estuviera orando durante el servicio.

En la mañana, tuvimos un tiempo de oración de intercesión con todo nuestro equipo junto al pastor Benjamín, pero no sabíamos la razón exacta por la que intercedíamos, pues el Señor no nos había declarado el motivo. La tarde era muy linda, soleada, y no había ninguna señal de lluvia cuando salimos del hotel hacia el lugar del

La realidad de la actividad demoníaca

evento. Se trataba del primer culto al aire libre que tendríamos en la India, y todos estábamos ansiosos para ver lo que haría Dios. Habíamos orado y ayunado por este servicio, y también se había invertido mucho dinero para lograr hacerlo.

Llegamos al lugar y comenzó el culto. Los hermanos cantaban y adoraban, y nosotros nos gozábamos junto con ellos. Cuando Josué tomó el micrófono para comenzar a predicar, ocurrió lo inimaginable, comenzó a llover. Nosotros no podíamos creer lo que sucedía, así que orábamos y clamábamos para que cesara la lluvia, pero esta era cada vez más fuerte. La gente congregada en el lugar comenzó a irse, y los que quedaron se dividieron en dos grupos y se fueron a refugiar en un muro que rodeaba el lugar. El techo de la plataforma amenazaba con caerse por el aire que soplaba y la fuerte lluvia que caía. Josué continúo predicando sin importarle la lluvia, y nosotros perplejos por la situación orábamos pidiéndole a Dios que nos ayudara con la inclemencia del tiempo. Para nuestra sorpresa, cuando Josué hizo la invitación, un centenar de personas pasó al frente para recibir a Cristo. Nos alegramos mucho con la cosecha de almas, pero no entendíamos el porqué del suceso.

Al otro día, el pastor Benjamín vino al hotel donde nos hospedábamos y nos dio las nuevas de lo que no entendíamos. La lluvia no vino porque la envió el diablo, sino que la envió Dios para librarnos de lo que el diablo quería hacernos. Los hindúes que vivían en ese lugar eran muy devotos a su religión, y los demonios los incitaron a llevar piedras para apedrearnos durante la predicación. Dios nos guardó enviando la lluvia. Por ese motivo, nos llevó en la mañana a la intercesión en lenguas. Ahora entendíamos con claridad lo que la noche anterior se nos veló a nuestros ojos. Las almas que el Señor sabía que iban a recibirlo no se fueron con la lluvia, solo se marcharon los de corazón endurecido a los que el diablo iba a usar para hacernos daño y terminar con el evento. ¡Gloria a Dios! Él es nuestro pronto auxilio en las tribulaciones (Salmo 46:1).

La doctrina del hinduismo se ha introducido en nuestra cultura de hoy día mediante el movimiento de la Nueva Era. Este movimiento, aunque no es exactamente igual que el hinduismo, sí comparte la misma línea de pensamiento panteísta, ya que sus adeptos creen que todos somos dioses.

Por otra parte, vemos también a los practicantes de la religión islámica que se autodenominan monoteístas, porque adoran a un solo dios, Alá. Sin embargo, para nadie es un secreto cómo es su devoción y adoración a este dios, pues son intolerantes con las demás religiones, en particular con el cristianismo. Así que imponen a su dios con una violencia y crueldad desmedidas. Las noticias en la televisión nos revelan a diario cómo los prosélitos del islamismo arremeten en contra de grupos de cristianos y los matan de una forma brutal. También ponen bombas en aviones, trenes, restaurantes, matando a grandes cantidades de personas inocentes. En nuestras mentes todavía están vivas las imágenes del ataque a las torres gemelas en Nueva York. Este desdichado evento fue unos de los más detestables ataques en contra de los países que se denominan cristianos en Occidente.

En los países donde dominan estas religiones, los espíritus territoriales que los habitan son fuertes, son principados y potestades que las promueven por detrás de sus líderes. Por eso, en los países musulmanes no se puede predicar a Cristo. Está prohibido y se castiga con la pena de muerte por considerar que los cristianos son infieles a su dios.

En la India, el gobierno que subió al poder ahora está comprometido por completo con su religión y ya no permiten hacer campañas al aire libre. Tampoco dejan que predicadores extranjeros vengan para hacer grandes campañas de evangelización. Estas religiones no creen que Jesús sea Dios. La Biblia es clara y nos alerta para que no caigamos en las trampas del enemigo:

> En esto conoced el Espíritu de Dios: Todo espíritu que confiesa que Jesucristo ha venido en carne, es de Dios; y todo espíritu que no confiesa que Jesucristo ha venido en carne, no es de Dios; y este es el espíritu del anticristo, el cual vosotros habéis oído que viene, y que ahora ya está en el mundo.
>
> 1 Juan 4:2-3

La realidad de la actividad demoníaca

RELIGIONES Y CULTOS FALSOS

Hay muchísimas religiones y cultos falsos que se practican a través de todo el mundo. Nos faltaría tiempo para hablar de todos. En cambio, sí mencionaremos algunos grupos de religiones y cultos con creencias sincréticas como la santería, la brujería, la magia y el satanismo. En sus cultos, todos estos practican ritos y adoración a los demonios, y en nuestro medio están engañando a una gran cantidad de personas.

El hombre ha practicado estos cultos desde tiempos muy antiguos. No obstante, siguen teniendo gran auge en los días de hoy y su engaño arrastra a muchas personas. Varias de estas religiones vinieron del continente africano, y todos sabemos que las religiones africanas llegaron a Latinoamérica en el período de la trata de esclavos.

Santería

La santería, por ejemplo, vino en específico del oeste de África. Cuando los españoles comenzaron a traer esclavos para el Nuevo Mundo, muchos fueron arrebatados de sus hogares en Ghana, Nigeria, etc. Cuando estuvimos en Ghana, nos llevaron a un lugar donde traían a los esclavos para venderlos a los diferentes mercaderes que tenían su negocio en la compraventa de esclavos. Muchos de estos esclavos eran oriundos de los pueblos yorubas. Al llegar a América, los esclavos trajeron también sus creencias, y esto dio paso a un nuevo culto o religión.

En Cuba, por ejemplo, nació la santería o la Regla de Osha-Ifá, como se le conoce popularmente en Cuba y en América. A los amos españoles que gobernaban en la isla en ese entonces no les pareció bien que los esclavos africanos adoraran a sus deidades. Así que pronto los quisieron catequizar, convirtiéndolos a su religión católica. Los esclavos tenían que obedecer las órdenes que les dictaban sus amos, y por esta causa se vieron obligados a cambiar su modo de adoración. Así que disfrazaron sus Orishas con los santos de la iglesia católica y de ese modo pudieron seguir adorando a sus dioses.

En Cuba, asociaron a Changó, una de las deidades africanas u Orishas, con Santa Bárbara. A Oshún, con la Virgen de la Caridad del Cobre, a quien llaman patrona de Cuba. A Elegguá con san Antonio; a Oiá con la Virgen de la Candelaria, y a Yemayá con Nuestra Señora de Regla. Y así sucesivamente los esclavos africanos integraron sus creencias, ritos y tradiciones a la adoración de los santos católicos para no tener conflicto con sus amos. Demás está decir que aquí la actividad demoníaca es real. La santería no solo está presente en Cuba, pues esta es una práctica que se realiza en muchísimos países de Latinoamérica y Estados Unidos.

Brujería

En la brujería tienen creencias ocultistas, y en su práctica utilizan poderes sobrenaturales (demoníacos) para lograr el fin que se busca. De esta manera perturban el curso de la vida de las personas a quienes les hacen trabajos o alteran el desarrollo de los acontecimientos que esperan. En la brujería la actividad demoníaca es sin freno. Además, es una práctica muy popular que está arraigada en los pueblos.

Aunque muchas personas dicen profesar alguna otra religión, acuden también a la brujería para hacer trabajos en beneficio propio o de algún familiar. Creen que esta práctica les hará obtener buenas cosas, ignorando que con estos ritos quedan atrapados en la red diabólica.

Otros acuden a la brujería movidos por el odio, a fin de hacer daño y hasta matar con sus trabajos al que les causó algún mal. La brujería se ejerce en muchísimos países, por no decir el mundo entero. En Latinoamérica, Estados Unidos y África, la gente practica mucho la brujería. En África, hay brujos que controlan territorios enteros bajo el poder de la brujería.

Cuando nosotros estuvimos de campaña en Kumasi, Ghana, en la mañana se celebraban conferencias para pastores y líderes. Cada mañana teníamos una asistencia como de mil personas, y el poder de Dios se hacía sentir en gran medida. En las noches se llevaba a cabo la campaña evangelística para los perdidos donde tuvimos una gran

La realidad de la actividad demoníaca

cosecha de almas también. Al finalizar la campaña, los hermanos africanos nos llevaron de regreso por carretera hasta Accra, capital de Ghana, para tomar el avión de vuelta a casa. Cuando estábamos ya sentados dentro del avión, pudimos constatar que los demonios que actuaban en el área donde ministramos no estaban nada contentos con lo sucedido en ese lugar bajo la unción del Espíritu Santo, así que intentaron dañarnos. Digo que «intentaron», porque el diablo y sus huestes no pueden hacernos nada mientras estamos cubiertos con la sangre de Cristo y mientras estemos bajo la sombra de sus alas:

> Él te librará del lazo del cazador, de la peste destructora. Con sus plumas te cubrirá, y debajo de sus alas estarás seguro; escudo y adarga es su verdad.
>
> Salmo 91:3-4

Que no pudieran hacer nada en contra nuestra no significa que no hicieran el intento. Si Dios nos libra del lazo del cazador, es porque el cazador pone lazo, trampas y emboscadas para que caigamos en ellas. Si nos dice que nos libra de la peste destructora, es porque envía desastres de muerte, enfermedades y accidentes para hacernos daño. Recordemos que estamos en una guerra, y en la guerra el contrincante pelea.

De momento, ya sentados en el avión, tuve una visión del Señor. En la visión veía al avión subir y de repente explotar formándose una grande pelota de fuego. Luego, la visión desapareció. Miré a Josué y le dije: «Vamos a orar», pero él me respondió: «Ya oramos». Entonces le expliqué lo que me mostró Dios. Así que nos unimos con nuestros hijos, que eran chicos en esa época, y oramos pidiéndole al Señor que tomara el control, que no permitiera que el avión saliera de allí hasta que se arreglara todo lo que estuviera mal. Reprendimos al diablo y le ordenamos quitar sus manos del avión, y le dimos gracias a Dios por habernos avisado y por habernos escuchado.

Unos minutos después de haber orado, el piloto del avión tomó el micrófono y nos habló a los pasajeros diciendo que habían descubierto que una pieza importante de adentro del avión se había roto, y que hasta que no la arreglaran no podíamos despegar. Por lo que íbamos a tener algún retraso. La actividad demoníaca de aquel lugar había entrado en acción contra nosotros por lo sucedido, pero el maravilloso Dios a quien servimos nos reveló los planes del enemigo para orar y así frustrar sus maquinaciones. La Palabra dice:

> Y temerán desde el occidente el nombre de Jehová, y desde el nacimiento del sol su gloria; porque vendrá el enemigo como río, mas el Espíritu de Jehová levantará bandera contra él.
>
> Isaías 59:19

Hechicería

Esta práctica guarda una relación estrecha con la brujería. En la hechicería se emplean ritos, maldiciones, palabras, conjuros y fórmulas para influir en las personas.

Espiritismo

El espiritismo es una doctrina que se originó en Francia a mediados del siglo XIX, cuyo principal exponente ha sido Allan Kardec (1804-1869). Además de creer en la reencarnación, su conjunto de ideas establece que los espíritus pueden entrar en contacto con los seres humanos debido a que su interés especial está en los mismos. Por eso es que quienes practican el espiritismo empleen a un médium para supuestamente ponerse en comunicación con el espíritu de un muerto. Muchos son los que van a consultar a los médiums porque confían en que estos pueden traer a algún familiar fallecido para hablar con ellos. ¡Esto es una gran mentira! Como dijimos antes, los muertos no pueden volver de donde se encuentran.

En el Evangelio de Lucas encontramos que Jesús contó la parábola del rico y Lázaro. En esta parábola, Jesús deja bien en claro que solo hay dos lugares donde el hombre puede ir después de

La realidad de la actividad demoníaca

muerto: al cielo si en su vida recibió a Cristo como Señor y Salvador, o al infierno si rechazó a Jesús. Si leemos la parábola que narró Jesús, entenderemos más lo que estoy diciendo:

> Había un hombre rico, que se vestía de púrpura y de lino fino, y hacía cada día banquete con esplendidez. Había también un mendigo llamado Lázaro, que estaba echado a la puerta de aquél, lleno de llagas, y ansiaba saciarse de las migajas que caían de la mesa del rico; y aun los perros venían y le lamían las llagas. Aconteció que murió el mendigo, y fue llevado por los ángeles al seno de Abraham; y murió también el rico, y fue sepultado. Y en el Hades alzó sus ojos, estando en tormentos, y vio de lejos a Abraham, y a Lázaro en su seno. Entonces él, dando voces, dijo: Padre Abraham, ten misericordia de mí, y envía a Lázaro para que moje la punta de su dedo en agua, y refresque mi lengua; porque estoy atormentado en esta llama. Pero Abraham le dijo: Hijo, acuérdate que recibiste tus bienes en tu vida, y Lázaro también males; pero ahora éste es consolado aquí, y tú atormentado. Además de todo esto, una gran sima está puesta entre nosotros y vosotros, de manera que los que quisieren pasar de aquí a vosotros, no pueden, ni de allá pasar acá. Entonces le dijo: Te ruego, pues, padre, que le envíes a la casa de mi padre, porque tengo cinco hermanos, para que les testifique, a fin de que no vengan ellos también a este lugar de tormento. Y Abraham le dijo: A Moisés y a los profetas tienen; óiganlos. Él entonces dijo: No, padre Abraham; pero si alguno fuere a ellos de entre los muertos, se arrepentirán. Mas Abraham le dijo: Si no oyen a Moisés y a los profetas, tampoco se persuadirán aunque alguno se levantare de los muertos.
>
> Lucas 16:19-31

Con esta parábola de Jesús también es evidente que los muertos no pueden volver después que parten de la tierra. Por lo que diremos que los que se presentan en esas secciones espiritistas son demonios, los cuales pueden imitar la voz y hasta tomar cierta apariencia de las personas muertas. Conocí a una señora que aseguraba hablar con su esposo muerto. Decía: «Es él, yo lo veo, y tiene su misma voz». En la Biblia se nos dice que Saúl fue a consultar a una hechicera o adivina:

> Entonces Saúl dijo a sus criados: Buscadme una mujer que tenga espíritu de adivinación, para que yo vaya a ella y por medio de ella pregunte. Y sus criados le respondieron: He aquí hay una mujer en Endor que tiene espíritu de adivinación. Y se disfrazó Saúl, y se puso otros vestidos, y se fue con dos hombres, y vinieron a aquella mujer de noche; y él dijo: Yo te ruego que me adivines por el espíritu de adivinación, y me hagas subir a quien yo te dijere. Y la mujer le dijo: He aquí tú sabes lo que Saúl ha hecho, cómo ha cortado de la tierra a los evocadores y a los adivinos. ¿Por qué, pues, pones tropiezo a mi vida, para hacerme morir? Entonces Saúl le juró por Jehová, diciendo: Vive Jehová, que ningún mal te vendrá por esto. La mujer entonces dijo: ¿A quién te haré venir? Y él respondió: Hazme venir a Samuel.
>
> 1 Samuel 28:7-11

Esta mujer que en la Biblia se le llama adivina, en nuestros tiempos se le llamaría médium, ya que fue la intermediaria para hablar con el espíritu y el rey Saúl. Hay muchas opiniones diferentes sobre este hecho de Saúl. Algunos dicen que en este pasaje Samuel vino de veras para hablar con Saúl. Otros, en cambio, opinan como yo, que no fue Samuel el que vino a hablar con Saúl, sino un espíritu maligno que fingió ser el profeta Samuel tomando una apariencia igual a la del profeta y simulando de igual modo su voz.

Si leemos las Escrituras, nos damos cuenta de que aunque Saúl consultó a Jehová, Él no le contestó ni por sueños, ni por el Urim (esta era una forma en que los sacerdotes del Antiguo Testamento consultaban a Dios), ni por los profetas. Si Dios no oyó a Saúl buscándolo de la manera adecuada que Él estableció para comunicarse con su pueblo en ese tiempo, no creo que Dios le oiría ni contestaría

La realidad de la actividad demoníaca

yendo en contra de la Palabra de Dios al consultar una hechicera. No creo que Dios moviera un solo dedo para responder al desespero de Saúl permitiendo que Samuel saliera del paraíso, o seno de Abraham, para que fuera a hablar con el rey estando ya muerto. Algo así iría en contra de su Palabra. Si Dios mismo prohibió esta práctica, ¿cómo iba a usarla para contestar el deseo de un hombre a quien Él rechazó?

Además, la figura que la médium vio que se parecía a Samuel le dijo a Saúl: «Mañana estaréis conmigo, tú y tus hijos» (1 Samuel 28:19). Debido a su pecado, Dios rechazó a Saúl, quien nunca se arrepintió. Muy por el contrario, continuó haciendo lo malo ante los ojos de Jehová. Así que no creo que Saúl iría después de su muerte al mismo lugar donde estaba Samuel. De igual modo, la parábola que leímos antes del rico y Lázaro inclina la balanza a favor de lo que estoy diciendo, pues vuelvo a reiterar que ningún ser humano puede volver a la tierra después de muerto.

Adivinación

La adivinación es una forma de hechicería. Los adivinos utilizan espíritus demoníacos para predecir el futuro o para saber cosas que han estado ocultas. Los brujos, hechiceros y adivinos han existido desde épocas muy remotas.

Vudú

El vudú es una religión de origen africano y se practica en varios países. En Haití, por ejemplo, aunque hay un porcentaje de católicos y evangélicos, la mayor parte de la población profesa el vudú. En el vudú la adoración demoníaca es notoria. Se practican sacrificios de animales en ceremonias sangrientas, y hasta fabrican muñecos en un ritual a los que les clavan alfileres para destruir a alguna persona desde la distancia.

Satanismo

El satanismo, como su nombre mismo lo indica, lo forman grupos de personas adoradores de Satanás. Estos se oponen a todo lo que tenga que ver con Dios, y proclaman a Satanás como el centro de su adoración. En la época de la década de 1960, el Sr. Anton LaVey fundó la iglesia de Satanás en la ciudad de San Francisco, California, Estados Unidos.

Magia

La magia es una práctica demoníaca muy antigua. Ha estado presente en muchos pueblos y culturas diferentes. Entre los practicantes de la magia existen los que practican la magia negra, que es la que se utiliza para dañar o perjudicar a otras personas. También están los que dicen practicar la llamada magia blanca, que según ellos no es mala. La verdad es que todo lo que hacen los demonios es malo, pues son espíritus que a través de las llamadas artes mágicas engañan a la gente. La Biblia también nos habla de un hombre que practicó la magia:

> Pero había un hombre llamado Simón, que antes ejercía la magia en aquella ciudad, y había engañado a la gente de Samaria, haciéndose pasar por algún grande. A éste oían atentamente todos, desde el más pequeño hasta el más grande, diciendo: Este es el gran poder de Dios. Y le estaban atentos, porque con sus artes mágicas les había engañado mucho tiempo.
>
> Hechos 8:9-11

Muchas de estas religiones o cultos, como le queramos llamar, enfatizan que hacen todos sus ritos y cultos en nombre de «dios». Por eso hay tantos engañados que de veras creen que este dios a quienes invocan en estos cultos es el mismo Dios nuestro.

Hace unos años, una mujer llamó a nuestro ministerio para pedir consejo y oración por su matrimonio. Habló conmigo y me contó su aflicción: Su esposo se había ido con otra mujer y ella estaba desesperada. Yo le dije que la respuesta estaba en la oración, y en creer que el Señor es el que puede cambiar todo lo imposible en posible por su poder. Entonces, la mujer me respondió que ya

La realidad de la actividad demoníaca

lo había hecho y que nada había pasado, y por causa de la demora del Señor, había ido a consultar a una mujer que podía adivinar el futuro para que le dijera si su esposo volvería con ella o no.

Ante esto, me alarmé y le dije: «¿Cómo usted ha hecho esto? ¿Cómo ha ido a consultar al diablo siendo cristiana?». A lo que me respondió. «¡Ah, no, hermana! Yo no fui a consultar al diablo. Esa señora que fui a ver hace todo en el nombre de "dios"».

¡Qué tristeza! ¡Qué engaño! Una mujer dentro de la iglesia de Cristo sin conocimiento de quién es el Dios al que servimos los cristianos, y cuál es el «dios» que se adora en esos cultos. Los demonios engañan una y otra vez, y la gente no lo ve.

Hermanos, el mundo espiritual maligno es real, y su actividad es de continuo para dañar. Así que dondequiera que se les abra la puerta, van a entrar para matar, robar y destruir. Por esta causa la Palabra nos advierte que no le demos lugar al diablo (Efesios 4:27).

Tengan la seguridad que ese dios que adoran todos estos cultos y religiones no es nuestro Dios. Nuestro Dios es el Creador de todas las cosas que existen. Está sentado en un trono Alto y Sublime. Él es un Dios bueno que nos bendice, y su bendición no viene acompañada de tristeza, tal como encontramos en Proverbios 10:22: «La bendición de Jehová es la que enriquece, y no añade tristeza con ella».

NOTAS

1. Wilton M. Nelson, editor general, y Juan Rojas Mayo, editor de la versión revisada y aumentada, *Nuevo Diccionario Ilustrado de la Biblia*, Editorial Caribe, Nashville, TN, 1998, p. 760.
2. *Ibidem*, p. 93.
3. *Ibidem*, p. 269.

Pues aunque andamos en la carne, no militamos según la carne; porque las armas de nuestra milicia no son carnales, sino poderosas en Dios para la destrucción de fortalezas, derribando argumentos y toda altivez que se levanta contra el conocimiento de Dios, y llevando cautivo todo pensamiento a la obediencia a Cristo.

2 CORINTIOS 10:3-5

Capítulo 10

LA DESTRUCCIÓN DE FORTALEZAS

Hay momentos en los que aunque seamos creyentes y nuestra fe esté puesta en Cristo, llegamos a un punto de nuestra vida donde no sabemos qué hacer. En nuestro caminar diario nos encontramos ante encrucijadas que se vuelven laberintos y no sabemos para dónde ir ni cómo actuar.

Los cielos parecen estar cerrados para nosotros. Oramos una y otra vez, y nos aterroriza el silencio de Dios. Comenzamos a ponernos nerviosos e impacientes mirando las circunstancias que nos apremian, y empezamos a volvernos vulnerables. Entonces, el cansancio por esperar nos lleva a darnos por vencidos y a bajar nuestras manos.

LA OBRA DEL MALIGNO EN LA MENTE Y LOS PENSAMIENTOS

Cuando el cansancio llega a nuestra vida, el enemigo comienza su ofensiva militar en contra nuestra. Así que se da a la tarea de bombardearnos con horribles pensamientos para hacernos dudar de la veracidad de la Palabra de Dios. Con mentiras muy bien elaboradas nos argumentará para poner en tela de juicio el amor de Dios hacia nosotros.

La mente

Creo que todos alguna vez hemos pasado por una situación similar. Todo se debe a que el campo de batalla en esta guerra espiritual que enfrentamos es nuestra mente. No nos engañemos, aunque las fuerzas del mal no pueden poseer al cristiano, los espíritus malignos sí pueden atar a los creyentes en sus mentes con diferentes formas de pensar contrarias a la Palabra de Dios.

Satanás, por medio de sus demonios, aborda nuestras mentes con dudas. Ataca nuestra fe en Dios y en su Palabra con incredulidad. Con el espíritu de duda y el espíritu de incredulidad obrando en nuestra mente, tratará de echar abajo nuestra confianza en la bondad y el cuidado de Dios. Su fin más anhelado es vernos renegar de Dios, culparlo de todo lo que nos pasa y vernos derrotados. Entonces, de esa manera, nos apartaría de Dios.

Tal y como dijimos antes, la mente del ser humano está situada en el alma. Allí es donde está nuestro intelecto, nuestras emociones y nuestros sentimientos. El diccionario de Vine nos dice que la palabra «mente» viene del término griego «*nous* [...] *mente*. Denota, hablando en general, el asiento de la consciencia reflexiva, comprendiendo las facultades de la percepción y comprensión, y las de sentimiento, juicio y determinación»[1].

Los pensamientos

Teniendo claro lo que es la mente, pasaremos a ver lo que se nos dice acerca del pensamiento. En el versículo 5 de nuestro texto principal que dice: «Derribando argumentos y toda altivez que se levanta contra el conocimiento de Dios, y llevando cautivo todo pensamiento a la obediencia a Cristo», el apóstol usó la palabra griega *noema*, que quiere decir «pensamiento». El diccionario de

La destrucción de fortalezas

Vine señala que *noema* significa «propósito, artificio de la mente […] Se traduce "pensamiento" en 2 Co 10.5»[2].

Si observamos bien, una de las acepciones de la palabra griega *noema* es «artificio de la mente». Ahora bien, cuando analizamos la palabra «artificio», nos damos cuenta de que nos habla de «engaño». Por tanto, el apóstol nos enseña aquí que esos pensamientos que invaden nuestra mente para hablarnos en contra de la veracidad de Dios y de su Palabra no son nuestros, sino que son pensamientos mentirosos enviados por el ejército maligno del diablo, al cual debemos combatir y resistir.

Todo lo que venga a nuestra mente sugiriéndonos que Dios es malo, que no se preocupa por nosotros, que no nos ama, que no es verdad que sana y contesta las oraciones, son pensamientos diabólicos. Por esta razón el apóstol Pablo nos dice que «las armas de nuestra milicia no son carnales, sino poderosas en Dios para la destrucción de fortalezas».

LAS FORTALEZAS DEL ENEMIGO

Quizá te preguntes: «¿Qué es una fortaleza?». El *Nuevo Diccionario Ilustrado de la Biblia* la define de esta manera:

> **FORTALEZA** Edificio construido para la defensa del pueblo: → TORRE, castillo o ciudad amurallada[3].

Ampliando un poco más el significado, y para tener un mejor entendimiento de lo que nos expresa el apóstol, podemos decir que una fortaleza era un recinto fortificado donde se parapetaban los soldados en el tiempo antiguo. Entonces, desde sus murallas y torres, defendían la fortaleza y la ciudad sin ser vistos ni estar expuestos a los ataques del enemigo. Algunos comentaristas dicen que para esta ilustración Pablo usó como referencia la fortaleza de Corinto. El *Nuevo Comentario Ilustrado de la Biblia* dice:

> El Corinto antiguo, mirado desde lo alto, era un cerro de 619 metros de altura. En la cumbre era una fortaleza. Pablo usó aquella imagen como una ilustración de la lucha que libró. Destruyó fortalezas, derribó torres, y tomó cautivos. La fortaleza, las torres y los cautivos representan los **argumentos**, pensamientos y planes que se oponían a Pablo. Pablo derriba todas las racionalizaciones. Tomó cautiva **a la obediencia a Cristo** cada percepción e intención del corazón que era contra Dios. Nuestros hechos revelan nuestros pensamientos. No debiéramos asirnos a pensamientos que no se conformen a la vida y las enseñanzas de Cristo[4].

Como puedes ver, el apóstol usó la comparación de una fortaleza para representar lo que el diablo hace en nuestra mente cuando le damos cabida a pensamientos contrarios a la Palabra de Dios. Si no identificamos y paramos esos pensamientos de dudas, temor e incredulidad que vienen a nuestra mente, le dejamos el camino libre al enemigo para que se instale allí y edifique desde afuera, y sin ser visto, una fortaleza. Por esta razón es tan importante guardar nuestra mente.

El enemigo sabe muy bien que si consigue colocar pensamientos contrarios a la Palabra y hacer que se establezcan en la mente, puede combatirnos y vencernos. Una cosa es muy cierta, cuando el enemigo comienza a enviar a nuestra mente dardos de fuego de dudas en contra de las promesas que nos ha hecho Dios, no siempre nos damos cuenta de dónde vienen esos pensamientos. Somos dados a pensar que son pensamientos propios, pensamientos válidos, debido a la situación que estamos atravesando.

LOS ARGUMENTOS MALIGNOS

Pablo continúa diciendo que debemos derribar los «argumentos y toda altivez que se levanta contra el conocimiento de Dios», y llevar «cautivo todo pensamiento a la obediencia a Cristo» (2 Corintios 10:5).

La destrucción de fortalezas

Los argumentos son demostraciones, evidencias, manifestaciones y explicaciones diabólicas para engañarnos, mientras que los pensamientos que nos vienen a la mente son inclinaciones, tendencias y reflexiones para cambiar nuestra manera de pensar. Estos argumentos y pensamientos contrarios son los que combaten y desafían nuestra fe.

El enemigo traerá a nuestra mente pensamientos de lógica, de duda, pensamientos de temor y de incredulidad para tratar que los aceptemos y adoptemos como nuestros. Jesús fue claro al decirnos que «de la abundancia del corazón habla la boca» (Mateo 12:34). Si comenzamos a dar oído a las sugerencias que pone el diablo en nuestra mente y las aceptamos, esto afectará nuestra manera de hablar, pues con el corazón lleno de incredulidad vamos a confesar dudas. Esta es una trampa mortal, porque en nuestra propia boca está el poder de la vida y la muerte:

> La muerte y la vida están en poder de la lengua, y el que la ama comerá de sus frutos.
>
> Proverbios 18:21

El enemigo es muy astuto, y sabe que cada vez que confiesas incredulidad, temor y dudas, afianzas sin darte cuenta la fortaleza que ha comenzado a levantar en tu mente. En realidad, no necesita poseer al cristiano para derrotarlo. Con solo lograr que crea sus mentiras podrá robarle, amedrentarle y vencerlo con facilidad.

Si detectas que has comenzado a razonar y hablar palabras que están en desacuerdo con lo escrito en la Palabra de Dios, haz un alto de inmediato y revisa tu corazón. Donde mora Cristo no hay cabida para la duda, el temor, la ansiedad, la incredulidad, ni la lógica. Por lo tanto, si encuentras estas cosas en tu corazón, tienes que enfrentarlas y llevarlas cautivas a la obediencia a Cristo. En otras palabras, tienes que confrontarlas con la verdad, que es la Palabra de Dios, y echarlas fuera de tu mente y de tu vida, a fin de llevar tu mente a que piense de nuevo según la Palabra de Dios.

Al diablo le encanta usar la lógica como argumento para robarnos, porque así nos hace mirar con nuestro entendimiento, con la razón y el conocimiento humanos. La fe y la lógica no se llevan, porque la fe es creer como cree Dios, y la fe de Dios llama las cosas que no son como si fueran. La lógica, en cambio, ve las cosas según el raciocinio de la mente. Cuando Jesús fue a resucitar a Lázaro, Marta quiso hacer pensar a Jesús de manera lógica. Jesús le dijo:

> Quitad la piedra. Marta, la hermana del que había muerto, le dijo: Señor, hiede ya, porque es de cuatro días. Jesús le dijo: ¿No te he dicho que si crees, verás la gloria de Dios?
>
> Juan 11:39-40

Si estás pidiendo algo que a los ojos humanos es imposible, ten la seguridad que a tu mente vendrán pensamientos de duda, pues el diablo usará la lógica para desanimarte, y la lógica te dirá que desistas de pedirlo. No obstante, la Palabra de Dios siempre te dirá: «Para los hombres esto es imposible; mas para Dios todo es posible» (Mateo 19:26). Por eso el Señor nunca te dirá: «¡Oye, usa tu lógica! Mira lo que me estás pidiendo. ¡Eso es imposible en el mundo en que vives!». Por el contrario, Él siempre te dirá: «Si puedes creer, al que cree todo le es posible» (Marcos 9:23). ¡Aleluya!

DERRIBEMOS LOS ARGUMENTOS

El apóstol Pablo muy bien nos dice que debemos derribar, debemos echar por tierra, todos los argumentos, toda demostración o evidencia que el enemigo ponga en nuestra mente para corroborar su tesis de que Dios es malo y no atiende nuestras necesidades. Debemos callar la voz insolente y petulante del enemigo que con altivez viene a susurrarnos sus mentiras para tratar de rebelarnos en contra del conocimiento que ya hemos alcanzado de Dios. Debemos llevar ese pensamiento maléfico a los pies de Cristo.

La destrucción de fortalezas

En una ocasión, una hermana conversó conmigo muy afligida. Era una creyente de años nacida de nuevo que amaba al Señor con todo su corazón. Sin embargo, hacía un tiempo que vivía un tormento en su mente. Según me contó, a su mente le venían pensamientos que maldecían el nombre de Dios, blasfemias y cosas horrorosas que la dejaban espantada. Después que desaparecían todos esos pensamientos blasfemos, llegaban los pensamientos de condenación que le decían que no era salva, pues con todos esos pensamientos ofensivos había pecado contra el Espíritu Santo y ya no tenía más oportunidad.

La hermana muy angustiada y confundida me decía: «Yo nunca haría tal cosa. Amo al Señor y le pido perdón todos los días, pero ya no sé qué hacer». Entonces, le leí el pasaje bíblico que estamos estudiando de 2 Corintios 10:3-5 y le dije que se mantuviera firme llevando esos pensamientos a la obediencia a Cristo, que no los creyera, pues esos pensamientos no eran suyos, sino que el enemigo la estaba atacando en su mente para engañarla, afligirla y atormentarla trayendo a su vez condenación.

¡Esto es guerra espiritual! Esto fue un ataque masivo a la mente de una creyente para atormentarla haciéndola creer que ya no tenía la salvación. El diablo es malo, y traerá pensamientos engañosos a nuestra mente para robarnos, y destruir nuestra fe y confianza en Dios.

Como lo mencionamos antes, lo reiteramos de nuevo: La mente es el campo de batalla más grande que el diablo tiene para combatirnos. Allí es donde pone pensamientos de derrotas, de baja autoestima, pensamientos de depresión, de manera que los aceptemos y así derrotarnos.

EL PECADO ASEDIA LA MENTE

El pecado está asechando a la puerta de nuestro corazón a cada momento:

Si bien hicieres, ¿no serás enaltecido? y si no hicieres bien, el pecado está a la puerta.

Génesis 4:7

Tenemos que saber que el diablo nos observa y sabe cuál es nuestra debilidad. El apóstol Santiago nos dice en su epístola que nosotros somos tentados cuando nos atrae y nos seduce nuestra propia concupiscencia (Santiago 1:14). En la mente es donde el tentador pone la semilla de tentación para ver si la dejamos germinar. El enemigo conoce que el viejo hombre que moraba en nosotros es fácil de derrotar. Por esta causa trae pensamientos pecaminosos para seducirlo y hacerlo caer. Sin lugar a dudas, provocará algún incidente que corrobore o que prospere el pensamiento que ponga en su mente para comenzar a cautivarlo hasta hacerlo caer.

A nuestro ministerio muchos han llamado pidiendo oración porque están enredados en diferentes pecados, uno de ellos es la pornografía. Este pecado se practica en lo oculto, es personal, pero no deja de ser dañino y perjudicial para el creyente. El diablo los engaña y con mucho descaro les dice que nadie se va a enterar, que lo puede hacer en silencio, que con solo ver no le hacen daño a nadie. Sin embargo, ¿qué nos dice Jesús al respecto? El Evangelio de Mateo nos da la respuesta: «Pero yo os digo que cualquiera que mira a una mujer para codiciarla, ya adulteró con ella en su corazón» (5:28). El *Nuevo Comentario Ilustrado de la Biblia* lo define así:

> **5.27, 28 mirar a una mujer para codiciarla:** Un hombre que mira con intensidad a una mujer con el propósito de desearla en términos sexuales, comete adulterio mental[5].

La pornografía es un veneno mortal para todo creyente, ya sea hombre o mujer, joven o viejo, soltero o casado. Este es un pecado que puede entrar en la categoría de la inmoralidad sexual, que es un término general que abarca la fornicación y el adulterio entre otros pecados sexuales. Así que no te engañes, la pornografía no es benigna, sino maligna. Debes ser consciente que la pornografía traerá espíritu de lascivia, y este atará tu mente para que te sea imposible dejar de ver esa inmundicia. La lascivia es pecado, y como todo pecado te destruirá, pues ensuciará tu mente, la llenará de obscenidades, y empañará y estorbará la santidad de Dios en tu vida. No debemos olvidar que la Biblia nos dice que «la paga del pecado es muerte» (Romanos 6:23).

El diablo se agazapa con la propuesta de pecado ante la puerta de nuestra mente para ver si puede entrar. A pesar de que sabe que Cristo nos liberó del poder del pecado, trata de seducirnos para hacernos caer. Esta osadía del diablo provocará una batalla espiritual que no seremos capaces de vencer con nuestra propia fuerza. Por lo tanto, debemos velar en oración para discernir su presencia y llevar ese pensamiento pecaminoso a la obediencia a Cristo.

Si sigues leyendo Mateo 5, encontrarás que en los versículos 29 y 30 Jesús habla en sentido figurado de la necesidad de cortar con todo pecado que nos oprime con dureza. Por eso dice que si el ojo derecho nos hace caer, lo saquemos; y si nuestra mano derecha nos es tropiezo para pecar, la cortemos. Con esta dura alegoría en contra del pecado, Jesús aconseja que nos apartemos de cualquier tentación a pecar, sin importar el costo. Así que todo pensamiento que venga a tu mente para hacer algo que vaya en contra de la Palabra de Dios, es pecado. Estos son los argumentos diabólicos que debes llevar a la obediencia a Cristo.

No debemos perder la perspectiva de que el diablo es ladrón, y como todo ladrón, obra fuera de la ley. Sabe que nosotros no somos suyos, así que no nos puede tocar. En cambio, como bandido, también sabe aprovechar las ventajas que tiene a su favor. Conoce bien que como mentiroso no hay quien le gane, pues es el padre de la mentira. Sabe que es un experto en el arte de engañar. De modo que con astucia emplea la mentira para seducir nuestra mente, poniendo pensamientos engañosos para que mordamos el anzuelo, y así engañarnos y robarnos.

MALDICIÓN GENERACIONAL

Todos hemos escuchado hablar de la maldición generacional. La Biblia nos enseña que dicha maldición tiene un alcance maléfico hasta la cuarta generación. Esta era una maldición que estaba destinada para quienes no obedecieran la ley siguiendo los mandamientos de Jehová el Señor:

> Yo soy Jehová tu Dios, fuerte, celoso, que visito la maldad de los padres sobre los hijos hasta la tercera y cuarta generación de los que me aborrecen.
>
> Éxodo 20:5

En Cristo, somos redimidos de toda maldición, como nos dice Gálatas 3:13: «Cristo nos redimió de la maldición de la ley, hecho por nosotros maldición (porque está escrito: Maldito todo el que es colgado en un madero)». Sin embargo, el enemigo viene en contra de nosotros para tratar de robarnos esa libertad que Jesús nos compró en la cruz. De manera ilegal, trata de seducir la mente poniendo pensamientos que van en línea con la maldición que corría en la familia, a fin de ver si lo aceptan. Si la persona no está firme en Dios y no identifica de dónde vienen estos pensamientos, quedará vulnerable al acoso incesante del enemigo. Entonces, sin darse cuenta, le abrirá la puerta al diablo para que haga de las suyas.

Muchas personas están en desacuerdo con este asunto, y quizá tú tengas esa misma opinión. Sin embargo, nosotros hemos visto cómo el diablo trabaja en la mente de las personas por las que venía una maldición generacional. Quizá te preguntes: «¿Cómo puede pasar esto?». Muy sencillo, lo hace de la misma manera que tienta al hombre a pecar, y pasa por alto que la Biblia nos dice que Cristo nos redimió del pecado, tal como nos dice el profeta Isaías:

> Todos nosotros nos descarriamos como ovejas, cada cual se apartó por su camino; mas Jehová cargó en él el pecado de todos nosotros.
>
> Isaías 53:6

La destrucción de fortalezas

Sin embargo, el enemigo engaña y seduce a través de nuestras concupiscencias para hacernos pecar. De la misma forma que Cristo llevó nuestros pecados en la cruz, Él también llevó toda maldición que había en contra de nosotros, como ya vimos en Gálatas 3:13. Así que el diablo seduce con mentiras la mente de las personas para que le abran una brecha por la cual entrar y poder consumar la maldición que ya llevó Cristo sobre sí en el Calvario.

La mente es ese canal por donde el diablo puede sugerir sus perniciosas sugerencias para ver si se aceptan o asimilan. Por eso no debemos de olvidar que Jesús dijo que el ladrón vino para robar, matar y destruir.

Quizá tú mismo hayas conocido a alguna persona que era salva y, de repente, se vio arrastrada por un pecado que la separó de la iglesia, de Cristo, de su familia y la tiene destruida por completo. Así que te has preguntado: «¿Qué le pasó al hermano?». Si averiguas un poco sobre la vida de esa persona, es muy probable que encuentres que su padre, abuelo o tío practicaron las mismas cosas que practica esta persona ahora. Esto no es casualidad, sino que es maldición generacional.

Cuando un creyente viene de una familia con un historial sexual de fornicación y adulterio, el enemigo comenzará a presentarle oportunidades para seducirlo en su vanidad masculina o femenina (según sea el caso). Si el creyente le sigue el juego creyendo en estas lisonjas que le proporciona el diablo, caerá en la trampa y comenzará a pensar que es de la misma forma que le sugirió él. Entonces, al aceptar este pensamiento como un hecho, quedará atado en este pecado y repetirá los mismos actos que hicieron antes sus familiares:

> Porque cual es su pensamiento en su corazón, tal es él.
> Proverbios 23:7

De la forma que pienses de ti mismo, así vas actuar. Esto es con exactitud lo que quiere el enemigo, pues desea que la persona piense de acuerdo a su engaño. Así que teniéndolo atado a ese pensamiento que le susurró al oído, lo mantiene en derrota para que la maldición sexual de adulterio y fornicación que comenzó en sus antepasados siga pasando de generación en generación.

Si la maldición generacional que corría en la familia era de violencia, los pensamientos violentos se agolparán en la mente de la persona seduciéndola a actuar con violencia. El diablo le convencerá que es así, que ese es su carácter, porque todos sus familiares eran así. En muchos casos, cuando el creyente no identifica de dónde vienen esos pensamientos, el diablo le proporciona situaciones para hacerlo actuar con violencia.

Cuando la persona viene de una familia donde el divorcio ha estado presente en todas las generaciones, el diablo proporcionará dificultades para hacerle creer al creyente que la situación no tiene remedio y que, por el bien de todos, la solución es el divorcio.

Cualquier cosa que haya corrido en la familia de generación en generación, ya sea enfermedad, pobreza, depresión, abuso, temor, suicidio, acoso o abuso, o cualquier otra cosa, el enemigo se las ingeniará para tratar de introducirlas en su familia y así robar la bendición que ya nos regaló Cristo. No me canso de repetir que la Biblia es clara cuando nos dice que no le demos lugar al diablo, pues solo eso le bastará al enemigo para entrar por esa brecha y arrastrar a la persona a una serie de pensamientos engañosos que le acarrearán la destrucción a su vida.

Por lo tanto, si te das cuenta que en tu familia ha habido un comportamiento de sufrimiento que se ha repetido por generaciones, y ahora eres uno de sus descendientes que ha comenzado a tener pensamientos y acciones que te identifican con ese pasado, repréndelos. Si hay circunstancias que giran en torno a esta maldición generacional que corría en tu familia, enfréntalas. Recuérdale al enemigo que ya Cristo te liberó de esa maldición. Dile al diablo que se retire, que ni tú ni tu familia aceptan que les roben la libertad que Cristo les compró en la cruz del Calvario. Luego, en oración, rompan esa maldición generacional.

La destrucción de fortalezas

LA PROVISIÓN PARA LA GUERRA ESPIRITUAL

Como vimos, debemos aprender a rechazar todo pensamiento que venga a nuestra mente que sea contrario a la Palabra de Dios. Tenemos que ser conscientes que el mayor campo de batalla donde enfrentamos al enemigo es en nuestra mente. Un creyente fuerte en su relación con Cristo no va a caer en las mentiras del diablo, pues conoce a su Dios y conoce la Palabra. En cambio, un creyente débil sí puede caer en esas mentiras. Así que debemos conocer cuál es nuestra libertad en Cristo para no dejarnos engañar. De igual modo, debemos callar en nuestra mente sus acusaciones en contra del Señor.

Al diablo no se le escucha ni se dialoga con él, sino se enfrenta y se resiste en el nombre poderoso de Jesús. Muchos dirán: «Hermana, somos humanos, y como humanos actuamos». El apóstol no niega nuestra humanidad, pues observa en el pasaje de 2 Corintios 10 que nos dice que «aunque andamos en la carne, no militamos según la carne; porque las armas de nuestra milicia no son carnales, sino poderosas en Dios» (vv. 3-4). En otras palabras, Pablo dice: «Aunque andamos en un cuerpo de carne y hueso, un cuerpo físico, humano, no luchamos de acuerdo a las armas que usaría cualquier ser humano, sino que militamos con armas espirituales dada por Dios en su Palabra, las cuales son poderosas en Él».

Dios no ha dejado al creyente desprovisto e indefenso ante un enemigo como el que enfrentamos. Él nos ha provisto de armas poderosas. Nos ha dado una armadura de guerra, una armadura militar en el campo espiritual, a fin de poder vencer al enemigo que nos asecha. Debido a que la guerra espiritual no es en modo alguno diferente a las guerras físicas existentes en el mundo, y así como los ejércitos de las naciones poseen armas, Dios nos ha proporcionado una armadura militar extraordinaria y unas armas poderosas para que libremos una batalla eficaz. Así lo expresa el apóstol Pablo con este pasaje:

> Vestíos de toda la armadura de Dios, para que podáis estar firmes contra las asechanzas del diablo. Porque no tenemos lucha contra sangre y carne, sino contra principados, contra potestades, contra los gobernadores de las tinieblas de este siglo, contra huestes espirituales de maldad en las regiones celestes. Por tanto, tomad toda la armadura de Dios, para que podáis resistir en el día malo, y habiendo acabado todo, estar firmes.
>
> Efesios 6:11-13

Es obvio que en este pasaje vemos que no es una opción el uso de la armadura, sino que es un mandato: «Vestíos de toda la armadura de Dios, para que podáis estar firmes contra las asechanzas del diablo». Ahora bien, con nuestras propias fuerzas no podríamos resistirle, pues no es un enemigo cualquiera de carne y hueso como nosotros. Por lo que no podemos usar armas físicas que procedan de nuestra humanidad, pues nuestro enemigo es espiritual, sino usar la provisión que Dios pone a nuestra disposición a través de su Palabra.

LA ARMADURA DEL CRISTIANO

El enemigo que enfrentamos es sutil, sagaz, astuto, invisible a nuestros ojos y sabe cómo engañar. Pablo explica esto diciendo:

> Porque no tenemos lucha contra sangre y carne, sino contra principados, contra potestades, contra los gobernadores de las tinieblas de este siglo, contra huestes espirituales de maldad en las regiones celestes.
>
> Efesios 6:12

Entonces, como tenemos un enemigo feroz y peligroso, Pablo exhorta a la iglesia a que se vista con toda la armadura de Dios para poder estar firme. En el siguiente versículo reitera la necesidad de usar la armadura de Dios en su totalidad, no en parte según la

La destrucción de fortalezas

necesitemos. Por eso nos insta a que la usemos completa a fin de poder estar preparados para la pelea:

> Por tanto, tomad toda la armadura de Dios, para que podáis resistir en el día malo, y habiendo acabado todo, estar firmes.
>
> Efesios 6:13

Si lo analizamos, cuando el apóstol Pablo describe la armadura que debemos usar en la guerra espiritual, realiza una comparación con la armadura militar y la vestimenta que usaban los soldados romanos del siglo primero. Varios comentaristas bíblicos dicen que es probable que el apóstol Pablo dispusiera de mucho tiempo para observar las partes de la armadura del soldado romano de la época debido a que estuvo bajo custodia permanente durante su arresto domiciliario en Roma. Quizá fuera así, pues al estar detenido, tenía el tiempo suficiente para observar. Es más, podemos afirmar que el Señor mismo lo llevó a prestarle atención a la terminología militar de su tiempo para transmitirnos el mensaje de que estamos enfrascados en una guerra sin cuartel.

En su observación, el Espíritu Santo le reveló a Pablo la enseñanza de aplicar las partes de la armadura del soldado romano a la armadura de Dios que debemos usar para enfrentarnos con el enemigo. Por eso vemos que, con esta revelación del Espíritu Santo sobre la armadura que debe vestir el creyente, Pablo nos invita a ponernos la armadura de Dios antes de la lucha con el enemigo cuando dice: «**Vestíos**».

Con esta palabra, Pablo nos dice que nos pongamos una armadura poderosa que no es nuestra, sino que viene directamente de Dios. La urgencia de vestirse con la armadura se nos deja ver en el resto del versículo: «Para que podáis estar firmes contra las asechanzas del diablo» (Efesios 6:11). El apóstol nos deja bien en claro que solo vamos a poder estar firmes frente al enemigo que enfrentamos vistiendo la armadura de Dios.

A continuación, en los versículos del 14 al 17, nos muestra en detalle las seis partes de la armadura espiritual:

1. El cinto

El cinto en la armadura del soldado jugaba un papel importantísimo, porque a partir de aquí se colocaría el resto de las partes de la armadura. Efesios 6:14 nos dice: «Estad, pues, firmes, ceñidos vuestros lomos con la verdad». Desmenuzando este versículo, encontramos que «ceñidos» significa apretado, justo al cuerpo, también significa estar listo, preparado, para una batalla. Por otra parte, «lomos» viene de la palabra griega *osfus*, que significa «cintura». Por lo que entendemos que aquí se nos está hablando de «ceñir» o «apretar» la cintura con un cinto.

Del mismo modo que un soldado necesitaba ajustarse bien el cinto para que todo su armamento militar estuviera bien colocado, en nuestra vida cristiana debemos tener bien ceñido el cinto en nuestros lomos o en la cintura. De esa manera, nuestra ropa estará sujeta a nuestro cuerpo, y toda la armadura de Dios estará bien puesta, en su lugar, y nos encontraremos listos para la batalla. Jesús mismo estableció de manera metafórica una comparación similar cuando dijo:

> Estén ceñidos vuestros lomos, y vuestras lámparas encendidas.
>
> Lucas 12:35

Con esta advertencia nos muestra que debemos «apretarnos bien el cinto», a fin de estar dispuestos para el servicio activo en la obra de Dios. También el apóstol Pedro nos habla sobre la necesidad de estar «ceñidos»:

> Por tanto, ceñid los lomos de vuestro entendimiento, sed sobrios, y esperad por completo en la gracia que se os traerá cuando Jesucristo sea manifestado.
>
> 1 Pedro 1:13

La destrucción de fortalezas

El apóstol usa esta metáfora de ceñirse los lomos del entendimiento sugiriendo con esta imagen el estado de alerta necesario que debemos tener para enfrentar al enemigo en cualquier momento o dificultad que tengamos. El *Nuevo Comentario Ilustrado de la Biblia*, refiriéndose a este pasaje de 1 Pedro, nos aclara lo siguiente:

> **1.13 ceñid los lomos de vuestro entendimiento:** Así como en los tiempos bíblicos la gente se arremangaba sus largas túnicas y se las amarraba a la cintura para poder moverse rápida y libremente, nosotros necesitamos hacer lo que sea necesario para enfocar nuestros pensamientos en las cosas que nos permitan servir a Dios exitosamente; y al mismo tiempo, necesitamos eliminar todos los pensamientos que podrían hacernos tropezar (He 12.1). **sed sobrios:** La preocupación de Pedro aquí es fundamentalmente que se use un criterio apropiado tanto mental como espiritualmente[6].

Como vimos antes en Efesios 6:14, el apóstol Pablo describe la misma línea de pensamiento del apóstol Pedro cuando nos dice que tengamos «ceñidos» nuestros «lomos con la verdad».

Vestir los lomos con la verdad significa disponerse uno mismo para caminar la vida cristiana en perfecta sinceridad y transparencia. Con esto, a la vez desarrollamos un carácter cristiano firme y fuerte al decirle «no» a la hipocresía. En otras palabras, a no tener dos caras.

Vestirse de la verdad es algo indispensable en la vida de un creyente. Es imposible que un cristiano carnal que viva en deshonestidad, contiendas, mentiras, robos, chismes, enemistades, etc., pueda combatir y resistir al diablo. Por eso el apóstol Santiago nos insta a que nos sometamos primero a Dios antes de resistir al diablo. Con esto expone de manera clara la necesidad que tenemos de que nuestra vida se fortalezca en Dios, dejando atrás todo lo que revele hipocresía, doble vida, pecado y falsedad antes de enfrentarnos en batalla contra el enemigo (Santiago 4:7).

En el capítulo 4 de Efesios, el apóstol Pablo nos recalca la importancia de ceñirnos con la verdad, y nos enseña punto por punto lo que significa este concepto:

> Esto, pues, digo y requiero en el Señor: que ya no andéis como los otros gentiles, que andan en la vanidad de su mente, teniendo el entendimiento entenebrecido, ajenos de la vida de Dios por la ignorancia que en ellos hay, por la dureza de su corazón; los cuales, después que perdieron toda sensibilidad, se entregaron a la lascivia para cometer con avidez toda clase de impureza. Mas vosotros no habéis aprendido así a Cristo, si en verdad le habéis oído, y habéis sido por él enseñados, conforme a la verdad que está en Jesús. En cuanto a la pasada manera de vivir, despojaos del viejo hombre, que está viciado conforme a los deseos engañosos, y renovaos en el espíritu de vuestra mente, y vestíos del nuevo hombre, creado según Dios en la justicia y santidad de la verdad. Por lo cual, desechando la mentira, hablad verdad cada uno con su prójimo; porque somos miembros los unos de los otros.
>
> Efesios 4:17-25

La «verdad» a la que Pablo se refiere aquí es la integridad, la vida de pureza y honestidad de un creyente en el día a día, no solo el domingo cuando nos ven los hermanos. Nadie que tenga dos caras puede ceñirse bien el cinto, pues el domingo es santo, pero el resto de la semana en su trabajo, escuela y hogar es un calumniador, violento, gritón, deshonesto, mentiroso, adúltero, etc.

En conclusión, ceñir nuestros lomos con la verdad significa caminar, hablar, andar y vivir de acuerdo al hombre nuevo nacido del Espíritu de Dios, significa vivir según la Palabra de Dios.

2. La coraza de justicia

En el tiempo del Imperio romano, la coraza era una parte de la armadura que rodeaba por completo el tórax de tal modo que se protegía también la espalda del guerrero. Esta coraza se confeccionaba con cuero duro o con metal. Con la justicia que representa la coraza, el apóstol se está refiriendo a la justicia de Cristo, la cual todos los creyentes poseen porque está escrito:

> Mas por él estáis vosotros en Cristo Jesús, el cual nos ha sido hecho por Dios sabiduría, justificación, santificación y redención.
>
> 1 Corintios 1:30

El cristiano debe vestirse con la coraza de justicia, la cual nos preparó Dios por medio de la obra de Cristo en la cruz del Calvario:

> Al que no conoció pecado, por nosotros lo hizo pecado, para que nosotros fuésemos hechos justicia de Dios en él.
>
> 2 Corintios 5:21

Con esta justicia Dios cubre al cristiano de manera que el tórax y la espalda queden resguardados por completo. Así el enemigo no tiene ninguna posibilidad de clavarle sus dardos en el corazón del cristiano debido a sentimientos de culpabilidad por los pecados de su vida pasada. La justicia de Dios en nosotros es nuestra garantía que podemos pelear toda batalla espiritual sin pecados que nos señalen nuestras culpas y delitos, pues la deuda que teníamos con Dios quedó cancelada por el sacrificio de Cristo en la cruz del Calvario.

Cuando nos acercamos a Dios vestidos con la coraza de justicia, Él nos mira justificados porque ve la justicia de su Hijo Jesucristo en nosotros. De ahí que debamos ser conscientes que la coraza que hay que vestir en esta armadura no es nuestra propia justicia, sino la de Cristo. Es más, toda batalla espiritual que ganamos no es por nuestros propios méritos, sino por la victoria que Jesús obtuvo a través de su sacrificio en la cruz.

3. El calzado

Los pies del soldado romano se calzaban con zapatos duros y blindados. Para el soldado de cualquier época, calzar unos buenos zapatos junto con su uniforme militar es indispensable, pues esto le asegura la firmeza en todo tipo de terreno. El cristiano, de igual modo que el soldado, necesita estar calzado como es debido en la guerra, por eso se nos aconseja:

> Y calzados los pies con el apresto del evangelio de la paz.
>
> Efesios 6:15

Pablo usó esta imagen del calzado del soldado para representar «el apresto [prevención, disposición, preparación] del evangelio de la paz». Esto nos deja en claro que los cristianos debemos presentar batalla con el evangelio. Es más, puesto que el Señor «vino y anunció las buenas nuevas de paz», debemos estar «edificados sobre el fundamento de los apóstoles y profetas, siendo la principal piedra del ángulo Jesucristo mismo» (Efesios 2:17-20). Por eso es que siempre debemos tener presente que para el creyente solo existe un fundamento, pues «nadie puede poner otro fundamento que el que está puesto, el cual es Jesucristo» (1 Corintios 3:11).

Por otra parte, nuestros pies deben estar calzados firmemente con el evangelio de Cristo para que el diablo en su astucia no nos intente engañar. Hay quienes, usados por el diablo, han tratado de pervertir el evangelio y con sus herejías han conseguido engañar a muchos. En otras palabras, Pablo lo aclaró muy bien cuando dijo:

> Estoy maravillado de que tan pronto os hayáis alejado del que os llamó por la gracia de Cristo, para seguir un evangelio diferente. No que haya otro, sino que hay algunos que os perturban y quieren pervertir el evangelio de Cristo.
>
> Gálatas 1:6-7

Por tanto, nuestros pies deben estar sólidamente calzados con el evangelio de Cristo Jesús.

4. El escudo de la fe

El tamaño promedio del escudo del soldado romano era de unos dos metros y medio de ancho por un metro de alto, por lo cual le cubría casi todo el cuerpo. En esa época, los ejércitos se enfrentaban tirándose flechas entre sí. No se trataban de flechas comunes y corrientes, sino que también estaban encendidas. Los escudos de los soldados se hacían de un material resistente a prueba de fuego. Cuando una flecha encendida les pegaba en el escudo, se apagaban y se quebraban protegiéndolos así del feroz ataque. El escudo del cristiano es la fe, la Palabra nos dice:

> Porque todo lo que es nacido de Dios vence al mundo; y esta es la victoria que ha vencido al mundo, nuestra fe.
>
> 1 Juan 5:4

La fe en Cristo y en su Palabra es lo que nos ofrece protección en contra de todos los dardos de fuego del maligno. Así como las flechas encendidas no podían penetrar el escudo a prueba de fuego del antiguo soldado romano, tampoco los ataques de Satanás pueden quebrantar al creyente que pone su fe en Dios. Pablo nos dice:

> Sobre todo, tomad el escudo de la fe, con que podáis apagar todos los dardos de fuego del maligno.
>
> Efesios 6:16

La frase «sobre todo» nos enseña lo importante que es el uso del escudo de la fe en la guerra que enfrentamos. Al igual que los soldados romanos se ponían el escudo para que protegiera toda su armadura, el cristiano tiene que usar el escudo de la fe para proteger toda su armadura también. Nuestro escudo de la fe es el que usamos en cada ataque dirigido a cualquier parte de nuestra armadura. Así que la palabra de fe va a la vanguardia al llevar cautivo todo pensamiento a la obediencia a Cristo. La fe va al frente destruyendo toda fortaleza, todo intento de ataque, todo dardo, toda flecha del maligno enviada con precisión a nuestra vida.

Cuando los soldados romanos se colocaban delante sus escudos, estos les protegían todo el cuerpo, les protegían de lanzas, de flechas, de piedras y de cualquier objeto que les lanzaran en un ataque. Si los soldados se colocaban formando una línea uno al lado del otro con el escudo delante, el enemigo los miraba como si hubiera un muro de protección frente a los soldados.

Del mismo modo, cuando el cristiano se coloca el escudo de la fe delante, el enemigo solo ve un muro de protección alrededor de este. Como puedes ver, la fe es parte de nuestra armadura de guerra. Por la fe es que los héroes que nos menciona la Biblia en el libro de Hebreos alcanzaron sus victorias y un buen testimonio (Hebreos 11:2). Tenemos que ser conscientes que el escudo de la fe es un arma de defensa y de protección para todo creyente. Esta arma defensiva es indispensable en la guerra espiritual que enfrentamos todos, así que es primordial tenerla en nuestra armadura.

La fe en Cristo y en su Palabra es esencial para vencer a nuestro oponente. Si por la fe hablamos la Palabra, los demonios tienen que huir. Cuando hablas en fe la Palabra, es como si Jesús mismo fuera el que hablara la Palabra. Por tanto, el enemigo ya no te ve a ti, sino que ve a Jesús en ti y no tiene otra opción sino huir.

Cuando hablamos de hablar la palabra de fe en medio de la prueba, no nos referimos a que lo hagamos a lo loco, sin sentido. Es más, con esto no enseñamos que repitamos sin pensarlo toda la Palabra escrita desde Génesis hasta Apocalipsis. ¡No, pues eso sería un desastre! A leguas el enemigo te desarmaría porque con tal cosa demostrarías que eres un neófito que no sabe usar bien su armadura. Demás está decir que el diablo te vencería en un dos por tres.

Puede ser que hayas oído sobre este tema con anterioridad, pero vale recalcar que en el idioma griego existen dos palabras para referirse a la Palabra. La primera es *logos*, y esta se refiere al canon, a la Palabra escrita, a la palabra completa desde Génesis hasta Apocalipsis. La otra palabra que encontramos en el idioma griego es *rema*, esta es la palabra de Dios dirigida a un creyente por medio del Espíritu Santo. Podríamos decir que es la Palabra específica de Dios para un momento determinado, para un tiempo de necesidad en una situación concreta.

Por esta razón es importante que el creyente estudie las Escrituras, medite en ellas y las atesore en su espíritu. En el momento de necesidad cuando el enemigo lo ataque, el Espíritu Santo puede tomar la Palabra puesta en su espíritu y traérsela a la memoria. Es decir, la traerá a su mente para que pueda usarla como escudo de protección en ese ataque y vencer. Esa palabra que el Espíritu trae a la mente es la que se denomina como Palabra *rema*. Esta es la Palabra específica que hablamos en medio de la batalla o en medio de cualquier conflicto que tengamos en contra del enemigo. Con esto entendemos que el escudo debe usarse siempre para oponernos a cualquier amenaza, en medio de cualquier combate espiritual que tengamos.

5. El yelmo de la salvación

El casco romano estaba diseñado para proteger la cabeza del soldado. En la armadura de Dios, el yelmo es una cobertura espiritual que protege nuestra mente. Pablo nos muestra la manera de usar el yelmo cuando dice:

> No os conforméis a este siglo, sino transformaos por medio de la renovación de vuestro entendimiento, para que comprobéis cuál sea la buena voluntad de Dios, agradable y perfecta.
>
> Romanos 12:2

Nuestra mente no puede acomodarse a los dictámenes del mundo, ni a cómo vive la gente del mundo. Cuando la mente de un creyente se acostumbra a lo natural, es fácil para el diablo traer a la mente pensamientos contrarios, pensamientos de derrotas, pensamientos engañosos que los debiliten espiritualmente desarmándolos por completo, a fin de poder vencer en la hora de la prueba.

Nosotros no somos del mundo. Por lo tanto, no podemos vivir de acuerdo a lo que establece el mundo. Debemos recordar siempre que la Biblia nos dice que Satanás es «el dios de este siglo» (2 Corintios 4:4), pero que nosotros no somos suyos. De modo que no debemos obedecer las ideas y doctrinas que nos imponga en el mundo como una regla a seguir en nuestra vida diaria. El enemigo siempre querrá hacerte pensar que las cosas que te sobrevienen en la vida son normales porque vives en un mundo imperfecto y que, por consiguiente, debes aceptarlo como tu destino y no tratar de luchar para cambiar la situación. Sin embargo, no lo creas. El diablo es el que crea circunstancias adversas que a simple vista se ven como muros de acero imposibles de derribar, a fin de que el creyente se desanime, se entristezca, y comience aceptar los pensamientos que le puso con anterioridad en la mente.

Si el creyente no usa bien el yelmo, queda expuesto al peligro de que el enemigo lo engañe y lo neutralice en su forma de pensar para que se contamine con lo que enseña el mundo. Por esta causa hay muchos creyentes sufriendo depresión, oprimidos, derrotados y cansados desde el punto de vista espiritual. También en muchos corazones comienza a desarrollarse el espíritu de incredulidad, pues el diablo usa la decepción del corazón humano para sembrar las dudas que los aparten de Dios. Así nos lo advierte el autor del libro de Hebreos:

> Mirad, hermanos, que no haya en ninguno de vosotros corazón malo de incredulidad para apartarse del Dios vivo.
>
> Hebreos 3:12

Las situaciones inesperadas o difíciles en las que nos encontremos nos pueden hacer creer que nuestra condición no va a cambiar, que todo esfuerzo que hagamos será inútil. Entonces, al razonar de esta manera, nos sentimos desfallecer y nos hacemos débiles espiritualmente hablando. Las circunstancias que el diablo crea a nuestro alrededor son tan convincentes que en ocasiones nos hacen pensar que Dios es el que no nos quiere ayudar y nos tiene de esa manera. Lo creas o no, el diablo origina circunstancias adversas en torno nuestro para engañarnos y derrotarnos.

La destrucción de fortalezas

Si recuerdas las circunstancias adversas que el diablo creó alrededor de Job para hacerle pecar contra Dios, te das cuenta que eran tan convincentes que podían engañar la mente de cualquier ser humano. Por lo tanto, hermanos, aunque las circunstancias nos griten que Dios no nos ha oído en nuestro clamor, no debemos creerlas. Aunque la situación por la que estemos atravesando cada vez se ponga más difícil, no debemos pensar que Dios nos ha abandonado. No podemos dejar que las circunstancias que nos rodean afecten nuestra manera de pensar, pues esto es lo que el diablo quiere que hagamos para destruirnos.

Colosenses 3:16 nos exhorta para que «la palabra de Cristo more en abundancia» en nosotros, pues es la que renueva nuestra manera de pensar. A fin de contrarrestar los pensamientos malignos y diabólicos que el enemigo trae a nuestra mente, debemos hacer lo que nos dice este pasaje:

> Por lo demás, hermanos, todo lo que es verdadero, todo lo honesto, todo lo justo, todo lo puro, todo lo amable, todo lo que es de buen nombre; si hay virtud alguna, si algo digno de alabanza, en esto pensad.
>
> Filipenses 4:8

No es menos cierto que debemos asumir la responsabilidad en esto. Así que tenemos que ponernos el yelmo de la salvación como es debido, pues de esa manera lograremos destruir toda fortaleza que el diablo quiera edificar en nuestra mente. Es más, debemos tomar el control de nuestros pensamientos, debemos tomar el control total de nuestra mente, incluyendo nuestras emociones y nuestra voluntad. Si ganamos la batalla en nuestra mente, ganaremos la guerra.

La mente es una parte esencial en nuestra vida. Por eso las Escrituras le dan tanta importancia a que cuidemos nuestra forma de pensar. Como dijimos antes, la mente del ser humano está situada en el alma. Algunas traducciones usan también la palabra corazón para referirse al alma, implicando con esto que el alma, o corazón, es el centro de la vida del ser humano. Cuánta razón tenía el rey Salomón cuando dijo:

> Sobre toda cosa guardada, guarda tu corazón; porque de él mana la vida.
>
> Proverbios 4:23

6. La espada del Espíritu

Esta espada es la Palabra de Dios. La espada es la única arma ofensiva en la armadura del creyente. Puesto que la Biblia es nuestra espada en la lucha contra el enemigo, necesitamos conocer la Palabra de Dios para atacar al enemigo, para destruir las fortalezas, para vencerle en el campo de batalla.

En su armadura, el soldado romano llevaba a la cintura una espada corta que la utilizaba en el combate cuerpo a cuerpo con el enemigo. Nosotros, de igual manera, usamos la espada de la Palabra de Dios en el combate que tenemos cuerpo a cuerpo con el enemigo cuando predicamos, echamos fuera demonios, oramos por los enfermos, evangelizamos, hacemos misiones o llevamos a cabo la obra de Dios. En el libro de Hebreos vemos que su autor compara la Biblia con una espada cuando dice:

> Porque la palabra de Dios es viva y eficaz, y más cortante que toda espada de dos filos; y penetra hasta partir el alma y el espíritu, las coyunturas y los tuétanos, y discierne los pensamientos y las intenciones del corazón.
>
> Hebreos 4:12

Respecto a este versículo, el *Nuevo Comentario Ilustrado de la Biblia* nos dice:

> El mensaje de Dios está vivo y activo, y penetra en lo más profundo de una persona. Discierne lo que es natural de lo que es espiritual, así como los **pensamientos** (reflexiones) e **intenciones**

La destrucción de fortalezas

de una persona. La Palabra de Dios pone de manifiesto las motivaciones naturales y espirituales del **corazón** de un creyente[7].

La espada del Espíritu es un arma poderosa. Todo el armamento bélico y militar más sofisticado que pueda existir en el mundo no puede compararse con la espada del Espíritu, pues todos los armamentos terrenales, aunque sean muy eficaces, solo tienen el poder de matar y destruir. Nuestra espada, en cambio, no solo puede aniquilar a nuestro enemigo, sino también puede dar vida al alma muerta en sus delitos y pecados. Eso se debe a que el filo de la espada del Espíritu penetra en el alma del ser humano, llega a su espíritu, a las coyunturas y los tuétanos discerniendo los pensamientos pecaminosos y todas las intenciones del corazón que sean erróneas. Mientras mejor conoces la Palabra, mejor podrás empuñar la espada para la batalla, mejor podrás guerrear, mejor podrás enfrentar el ataque del enemigo.

LA ORACIÓN EN TODO TIEMPO

La oración es el broche de oro en la armadura del creyente, pues nos capacita para vestir la armadura y usarla como es debido. No lograremos vencer la guerra que enfrentamos sin la oración.

> En cuanto a mí, a Dios clamaré; Y Jehová me salvará. Tarde y mañana y a mediodía oraré y clamaré, Y él oirá mi voz. El redimirá en paz mi alma de la guerra contra mí, Aunque contra mí haya muchos. Dios oirá, y los quebrantará.
>
> Salmo 55:16-19

Jesús nos dio ejemplo al orar constantemente, puesto que Él, el Hijo de Dios, le dedicaba tiempo a la oración. Incluso la Biblia nos narra que pasaba las noches enteras orando (Lucas 6:12). Si Jesús como hombre se fortalecía en la oración para poder vencer como humano las asechanzas del diablo, ¿piensas tú que puedes vencer esta guerra sin oración? La respuesta es obvia: ¡No! En la guerra espiritual la oración juega un papel importantísimo, pues el creyente donde puede fortalecerse es en la oración. En la oración es también donde el Espíritu Santo puede revelarnos las trampas del enemigo para que podamos actuar de una manera sabia y rápida para destruir sus artimañas. La oración no es una opción. La oración es un deber de cada creyente. Así lo afirma la Palabra:

> Orando en todo tiempo con toda oración y súplica en el Espíritu, y velando en ello con toda perseverancia y súplica por todos los santos.
>
> Efesios 6:18

Además, la oración no debe ser egoísta, pues aunque debemos orar por nosotros, por los nuestros y por nuestras necesidades, también debemos orar por todos nuestros hermanos en Cristo. Efesios nos dice que las oraciones generales y las peticiones específicas deben hacerse en toda ocasión, pero también aclara que deben hacerse por todos los creyentes. Podemos decir que la oración es un llamado para todo creyente, y debe ser el estilo de vida de cada cristiano nacido de nuevo. Por eso debemos orar sin cesar (1 Tesalonicenses 5:17) y debemos incluir una súplica al Espíritu Santo, que nos ayuda a orar para prepararnos como conviene.

> Y de igual manera el Espíritu nos ayuda en nuestra debilidad; pues qué hemos de pedir como conviene, no lo sabemos, pero el Espíritu mismo intercede por nosotros con gemidos indecibles. Mas el que escudriña los corazones sabe cuál es la intención del Espíritu, porque conforme a la voluntad de Dios intercede por los santos.
>
> Romanos 8:26-27

La destrucción de fortalezas

Pablo, el gran apóstol y hombre de oración, finaliza esta sección de su carta a los creyentes en Éfeso con una exhortación a la oración (6:18). Sin oración, todas las armaduras del mundo serían inútiles.

NOTAS

1. W.E. Vine, *Vine: Diccionario Expositivo de palabras del Antiguo y del Nuevo Testamento Exhaustivo*, Grupo Nelson, Nashville, TN, 1999, p. 546.
2. *Ibidem*, p. 645.
3. Wilton M. Nelson, editor general, y Juan Rojas Mayo, editor de la versión revisada y aumentada, *Nuevo Diccionario Ilustrado de la Biblia*, Editorial Caribe, Nashville, TN, 1998, p. 421.
4. Earl D. Radmacher, Roland B. Allen, H. Wayne House, *Nuevo Comentario Ilustrado de la Biblia*, Grupo Nelson, 2002, p. 1473.
5. *Ibidem*, p. 1122.
6. *Ibidem*, p. 1647.
7. *Ibidem*, p. 1611.

Mas a todos los que le recibieron, a los que creen en su nombre, les dio potestad de ser hechos hijos de Dios.

JUAN 1:12

Capítulo 11

CONOZCAMOS QUIÉNES SOMOS

Una de las cosas más importantes que necesitamos saber de la guerra espiritual es «quiénes somos». Conocer la posición que se nos dio después de recibir a Cristo como Señor y Salvador es una clave importante para vencer en esta guerra.

En una ocasión, Josué estaba en una campaña y, al finalizar el culto, se sentó junto a la mesa donde estaba nuestro material. De momento, un hermano se acercó y se puso a mirar los títulos de las grabaciones de mensajes que estaban en la mesa. Entonces, dirigiéndose a Josué, le dijo:

—Pastor, estoy pasando por algunas pruebas. ¿Cuál de todos me recomienda?

—Lleve el que habla sobre la guerra espiritual —le respondió Josué—, pues le va a enseñar cómo vencer al diablo en medio de las pruebas.

—¡Ah, no, no, pastor! Ese no, porque yo no me meto con el diablo para que él no se meta conmigo —le respondió de inmediato el hermano.

Aunque parece graciosa la forma en que reaccionó el hombre, lo cierto es que no lo es. Lo triste de todo es que esta es la condición de muchos creyentes en la iglesia. Le temen al diablo debido a que no saben cuál es su identidad en Cristo. Al diablo le encanta hacernos creer que no somos nada ni nadie delante de él y que, por eso, no podemos enfrentarlo. Con esa astucia maligna que caracteriza a nuestro enemigo, ha logrado engañar a muchos cristianos manteniéndolos en una ignorancia total de quiénes son en Cristo. Los amedrenta con su pasado haciéndoles creer que por lo que fueron en el mundo y lo que hicieron no están calificados para enfrentársele. De esa manera, los mantiene en una condición pasiva o de derrota espiritual.

¡El diablo es mentiroso! No te dejes engañar, culpar ni amedrentar con pensamientos de derrotas por el pasado que tuviste. El vocablo «pasado» denota el tiempo en que está escrito el verbo; es decir, lo «pasado» ya pasó. Ahora es tu presente, pues la Biblia declara:

> De modo que si alguno está en Cristo, nueva criatura es; las cosas viejas pasaron; he aquí todas son hechas nuevas.
> 2 Corintios 5:17

Siempre ten en cuenta que lo que fuiste ya no existe para Dios. Ahora eres una nueva criatura perdonada y dotada con poder para vencer toda tentación y prueba que el enemigo traiga a tu camino. La Palabra de Dios nos enseña que nosotros tenemos el poder y la autoridad para ir en contra de toda estrategia satánica, y nos exhorta a resistirla firmes en la fe (1 Pedro 5:9).

Muchos creen que cuando aceptamos a Jesús en nuestros corazones solo somos pecadores arrepentidos, pero al meditar en las Escrituras aprendemos que ahora somos mucho más que eso. La Biblia nos enseña que Dios nos ha dado una nueva posición, un nuevo nivel espiritual para la gloria de su nombre. Por esta razón al creyente le es indispensable estudiar la Palabra y saber lo que dice de nosotros. También conocer quiénes somos o cuál es nuestra nueva identidad en Cristo es indispensable para enfrentar esta guerra espiritual.

Conozcamos quiénes somos

SOMOS HIJOS DE DIOS

Como vimos al inicio de este capítulo, en Juan 1:12 la Biblia establece que ahora en Cristo Jesús somos hechos hijos de Dios. ¡Este conocimiento es grandioso! Sobre todas las cosas que debemos saber acerca del Dios que servimos es que nos adoptó como sus hijos. Somos hijos del Creador de los cielos y la tierra. Somos hijos del Rey de reyes. Somos hijos del Dios todopoderoso. Este es el mejor regalo que un ser humano puede recibir. Se trata de la más alta distinción, la mayor honra, con la que pueden condecorar a un hombre o a una mujer. Esta posición de hijo que se nos otorgó es lo que más hace rabiar al diablo, pues tenemos la posición que él nunca tuvo ni tendrá jamás.

Según el pensamiento popular, todos somos hijos de Dios. Sin embargo, esta forma de pensar es errónea, pues ha venido por una mala interpretación de las Escrituras. Todos somos criaturas de Dios porque Él nos creó, pero no todos son hijos. Incluso, en este pasaje de Juan 1:12, el apóstol enfatiza que no todos son hijos de Dios. Si lo analizas, puedes ver con claridad que aquí se exponen dos requisitos muy importantes que el ser humano necesita cumplir antes de que se le conceda el privilegio de ser hechos hijos de Dios. Veamos…

1. **Primero: Necesitamos creer en el nombre de Jesús**
   El prerrequisito para ser hijos de Dios es creer que Jesús es el Hijo de Dios, el Verbo, la Palabra hecha carne; es decir, Jesús es Dios encarnado. Se necesita reconocer que Jesús vino a este mundo para ocupar nuestro lugar, que murió por nosotros, pero que resucitó y vive para siempre sentado a la diestra de Dios Padre.

2. **Segundo: Necesitamos reconocer nuestro pecado y que estamos perdidos**
   De aquí se desprende que precisamos implorar el perdón de Dios y pedirle que la preciosa sangre de su Hijo Jesucristo nos limpie

de todo pecado. Necesitamos rendirnos ante Él, recibirlo en el corazón y dejarlo entrar a nuestra vida como Señor y Salvador.

Quizá muchos digan: «Hay demasiadas personas que no son evangélicas y creen en Jesús». Es cierto, pero creer en Jesús de una manera religiosa no es creer de veras en Él. Recordemos que el diablo cree en Jesús y tiembla con solo la mención de este poderoso Nombre, aun así no es hijo de Dios. Cuando una persona declara creer en Jesús como hijo de Dios, pero lleva una vida contraria a lo que enseñó Jesús, con sus propios hechos desmiente que cree realmente en Él. Jesús dijo:

> El que tiene mis mandamientos, y los guarda, ése es el que me ama; y el que me ama, será amado por mi Padre, y yo le amaré, y me manifestaré a él.
>
> Juan 14:21

Como puedes ver, la Palabra nos enseña que no todos llegan a esta posición de hijos. Solo quienes creen en sus corazones que Jesús es el Hijo de Dios, le reciben como Señor y Salvador, lo aman y guardan su Palabra, están calificados para ser llamados hijos de Dios. Además, el apóstol nos dice de manera enfática que a los que recibieron al Señor y creen en su nombre, Jesús mismo les concede el privilegio, les da la potestad, de ser hechos hijos de Dios. El *Nuevo Comentario Ilustrado de la Biblia* lo explica así:

> **Les dio potestad** indica la autorización legítima para tener la posición de **hijos de Dios**. Ninguno de nosotros es por naturaleza hijo de Dios. Por naturaleza, éramos hijos de la ira y condenados a estar alejados de Cristo. Imagine que es un indigente y recibe el derecho de heredar las riquezas de un rey y la posición de realeza. Por creer, los pecadores sin méritos pueden ser miembros de la familia de Dios[1].

Conozcamos quiénes somos

Cuando recibimos a Cristo, nos injertan en la vid. Ahora somos llamados hijos de Dios, somos herederos de Él y coherederos con Cristo. Así lo certifica el apóstol Pablo en este pasaje:

> Y si hijos, también herederos; herederos de Dios y coherederos con Cristo, si es que padecemos juntamente con él, para que juntamente con él seamos glorificados.
>
> Romanos 8:17

El *Nuevo Comentario Ilustrado de la Biblia* nos explica y describe así este versículo:

> **8.17 herederos:** Todos los hijos de Dios tienen una herencia, que se basa en su relación con Dios, que es incorruptible, incontaminada, y está reservada en los cielos (1 P 1.4). Su herencia incluye una esperanza de vida eterna (Tit 3.4-7). Como **coherederos** con Cristo, comparten sus sufrimientos ahora (Fil 3.11-14) y después compartirán su gloria[2].

Antes de recibir a Cristo en nuestro corazón, éramos pecadores sin esperanza destinados a morir por nuestros delitos y pecados. En esta condición de pecado no nos era lícito tener comunión con Dios, pues Él es santo. Entonces, al recibir a Cristo, sucedió algo maravilloso. Él tomó todo nuestro ropaje sucio de pecado y lo llevó a la cruz. Allí nos lavó con su sangre, nos perdonó y nos reconcilió con Dios. Es más, nos atavió con un ropaje hermoso, pues nos vistió con su justicia.

Por el sacrificio de Jesús podemos acercarnos al Padre y tener comunión con Él en calidad de hijo. Ahora el Padre no nos mira como pecadores, sino como justificados, porque Él nos ve a través de la justicia de Cristo que nos fue dada mediante el sacrificio de Jesús. La redención que Jesús nos dio en la cruz fue el sello que cerró el proceso de adopción. Con su sangre nos redimió para Dios y desde entonces el Padre nos adoptó como hijos suyos. ¡Aleluya!

> Justificados, pues, por la fe, tenemos paz para con Dios por medio de nuestro Señor Jesucristo.
>
> Romanos 5:1

Por esta razón el diablo no tiene derecho de venir a condenar a ningún ser humano redimido por la sangre del Cordero. No puede señalarle y culparle más por su vida pasada debido a que este nuevo creyente viste la coraza de justicia. Así que ya no viste su propia justicia, sino que ahora está cubierto por la justicia de Cristo. ¡Regocíjate! ¡Ya estás justificado!

La Biblia establece que cuando te arrepientes y aceptas a Cristo en tu corazón, todos tus pecados son perdonados porque Dios los echa en el fondo del mar y no se acuerda más de ellos.

> Él volverá a tener misericordia de nosotros; sepultará nuestras iniquidades, y echará en lo profundo del mar todos nuestros pecados.
>
> Miqueas 7:19

Por lo tanto, si Dios no se acuerda más de lo que hiciste, párate firme y no le permitas al enemigo que te acuse por eso.

El encuentro con Jesús nos abrió los ojos. Estábamos ciegos en el pecado, pero ahora nuestros ojos se abrieron a la verdad, y la verdad nos hizo libres. Somos libres del yugo de esclavitud en el que vivíamos, pues el Cordero de Dios ocupó nuestro lugar en la cruz. Por Él fuimos perdonados e injertados en la vid verdadera. Por eso ahora pertenecemos a la familia de Dios, lo cual nos da el privilegio de ser llamados sus hijos. Así que no somos cualquier cosa, necesitamos reconocer nuestra nueva posición en Cristo para que el enemigo no nos engañe y tome ventaja de nuestra ignorancia en las Escrituras.

Conozcamos quiénes somos

EL ESPÍRITU DE ADOPCIÓN

El diablo no quiere que nuestros ojos se abran a esta gran verdad, pero así está escrito:

> Porque todos los que son guiados por el Espíritu de Dios, éstos son hijos de Dios. Pues no habéis recibido el espíritu de esclavitud para estar otra vez en temor, sino que habéis recibido el espíritu de adopción, por el cual clamamos: ¡Abba, Padre! El Espíritu mismo da testimonio a nuestro espíritu, de que somos hijos de Dios. Y si hijos, también herederos; herederos de Dios y coherederos con Cristo, si es que padecemos juntamente con él, para que juntamente con él seamos glorificados.
>
> Romanos 8:14-17

Como hijos de Dios ya no estamos bajo el poder del diablo. Es más, no estamos esclavizados por el temor, sino que ahora recibimos el espíritu de adopción por el cual podemos llamar al Padre como lo llama también Jesús: «¡Abba!», palabra que los escritores de los Evangelios tradujeron como «padre». Somos hijos de Dios y, por tanto, gozamos de todos los privilegios de ser hijo. El *Nuevo Comentario Ilustrado de la Biblia* nos dice:

> **8.15** Los creyentes son hijos de Dios porque recibieron el **espíritu de adopción.** En la antigua Roma, un hijo adoptado poseía todos los derechos de un hijo nacido en la familia. Los cristianos son adoptados en la familia de Dios, recibiendo una herencia eterna. **Abba:** Jesús mismo oró usando esta palabra aramea para el Padre (Mr 14.36)[3].

Cuando hablamos de que somos hijos de Dios, esto tiene un sentido de creación espiritual, pues el Padre nos adoptó a todos los que creemos en el Hijo de Dios.

SOMOS TEMPLO DEL ESPÍRITU DE DIOS

Si analizamos el hecho de que ahora en Cristo somos llamados hijos de Dios, encontrarás algo sublime. No fuimos hechos hijos de Dios por voluntad de hombre, ni fuimos engendrados en esta nueva posición por padres terrenales, ni por esfuerzos o logros humanos, sino que nos procrearon como sus hijos por la perfecta voluntad de Dios. Si leemos el contexto del versículo con el que iniciamos el capítulo, y que apoya todo lo que venimos diciendo, nos percatamos de esta maravillosa realidad;

> Mas a todos los que le recibieron, a los que creen en su nombre, les dio potestad de ser hechos hijos de Dios; los cuales no son engendrados de sangre, ni de voluntad de carne, ni de voluntad de varón, sino de Dios.
>
> Juan 1:12-13

Por lo tanto, podemos decir que fue por su gran amor que Dios nos alcanzó, perdonó, justificó y llevó a esta posición de hijos. Cuando recibimos a Jesús como nuestro único Señor, nacimos de nuevo. Es más, nacimos a una nueva vida con Cristo, y el Padre, Creador de todas las cosas, nos acogió como sus hijos. ¡Aleluya!

Tener la posición de hijo de Dios es la mejor condición que un ser humano pueda desear. Como hijos estamos equipados para contrarrestar cada ataque del enemigo, pues tenemos todo el derecho de usar el poder del Padre que mora en nosotros, tal como nos dice las Escrituras: «¿No sabéis que sois templo de Dios, y que el Espíritu de Dios mora en vosotros?» (1 Corintios 3:16).

Si el Espíritu de Dios mora en nosotros, tenemos el poder de Dios para vencer toda embestida del enemigo. El poder que está en nosotros es el mismo que actuó en Cristo durante su vida y ministerio terrenal. En el libro de Isaías leemos:

> El Espíritu de Jehová el Señor está sobre mí, porque me ungió Jehová; me ha enviado a predicar buenas nuevas a los abatidos,

a vendar a los quebrantados de corazón, a publicar libertad a los cautivos, y a los presos apertura de la cárcel; a proclamar el año de la buena voluntad de Jehová, y el día de venganza del Dios nuestro; a consolar a todos los enlutados; a ordenar que a los afligidos de Sion se les dé gloria en lugar de ceniza, óleo de gozo en lugar de luto, manto de alegría en lugar del espíritu angustiado; y serán llamados árboles de justicia, plantío de Jehová, para gloria suya.

Isaías 61:1-3

El poder que actuaba en Jesús es el mismo poder que estaba con el Padre en el principio creándolo todo: «Y el Espíritu de Dios se movía sobre la faz de las aguas» (Génesis 1:2). Este poder del que hablamos es del Espíritu de Dios, es del Espíritu Santo, la tercera persona de la Trinidad que estaba en Jesús y ahora habita en nosotros. Además, actúa de manera maravillosa y poderosa en nosotros debido a nuestra posición de hijos de Dios.

El enemigo no quiere que sepamos el poder que actúa en nosotros como hijos de Dios, y por esta razón trabaja de manera incansable para impedir de algún modo que alcancemos el conocimiento de quiénes somos en Cristo. Sin embargo, la Palabra testifica abiertamente que hay poder dentro de un hijo de Dios. Esto no es un mito, sino una realidad.

Dios quiere que conozcamos ese poder que está en nosotros como hijos de Dios, porque cuando un creyente ora conociendo la potencia y el poder de Dios que hay en él, esta oración es dinamita. Esta oración impactará al reino de las tinieblas haciéndolos retroceder, porque es una oración hecha con fe, confianza, inteligencia, precisión y conocimiento.

COMO HIJOS SOMOS VENCEDORES CON JESÚS

El Señor desea que tengamos la victoria en todas las esferas de nuestra vida. En cambio, no podemos ser victoriosos si no sabemos quiénes somos en Él. Tenemos que conocer quiénes somos para poder vencer en esta lucha, pues como hijos, somos MÁS QUE VENCEDORES:

> Antes, en todas estas cosas somos más que vencedores por medio de aquel que nos amó.
>
> Romanos 8:37

Si hay algo que el diablo no quiere que sepamos es que por medio de Cristo ya somos vencedores. Es más, lo vencimos porque Cristo lo venció primero en la cruz, y con su victoria nos hizo vencedores. Por esta razón, en toda batalla que tengamos con el enemigo, por más dura y difícil que parezca, debemos recordar siempre que ya tenemos la victoria garantizada con antelación.

> Hijitos, vosotros sois de Dios, y los habéis vencido; porque mayor es el que está en vosotros, que el que está en el mundo.
>
> 1 Juan 4:4

Así que no te dejes intimidar ni engañar. No mires lo imposible que parezca la victoria de la batalla que tienes delante. Ten siempre presente que debido a que Cristo venció en la cruz, ya tú venciste también.

Cuando estábamos lejos de Dios en nuestra vida de pecado, solo éramos criaturas de Dios y no hijos. De modo que estábamos en desventaja porque no teníamos fuerza alguna para ir en contra de las huestes satánicas. En nuestra humanidad somos débiles, somos presa fácil para derrumbar. Sin embargo, el diablo no nos puede vencer en nuestra condición de hijos de Dios debido a que no luchamos en nuestra carne, pues ahora luchamos con la fuerza y las armas que nos da nuestro Padre.

CONOZCAMOS LA VOLUNTAD DE DIOS.

También el enemigo roba y engaña a muchos creyentes porque no conocen lo que enseña la Biblia y pasan por alto cuál es la voluntad de Dios para ellos como hijos. El apóstol Pablo les escribió a los cristianos de la iglesia de Colosas, a quienes los atacaban diferentes falsos maestros que les enseñaban herejías para apartarlos de la fe en Cristo, aun sin tener en cuenta que los colosenses eran fieles y de una fe verdadera. Así que Pablo les enseña que debían orar para pedirle al Señor que los guiara por medio de su Espíritu para saber cuál era la voluntad de Dios, y para caminar de acuerdo a su posición de hijos reverenciando y acatando la voluntad de Dios en sus vidas. Al escribirles, les dice:

> Por lo cual también nosotros, desde el día que lo oímos, no cesamos de orar por vosotros, y de pedir que seáis llenos del conocimiento de su voluntad en toda sabiduría e inteligencia espiritual, para que andéis como es digno del Señor, agradándole en todo, llevando fruto en toda buena obra, y creciendo en el conocimiento de Dios; fortalecidos con todo poder, conforme a la potencia de su gloria, para toda paciencia y longanimidad.
> Colosenses 1:9-11

Aquí el apóstol insta a los colosenses a que busquen, vivan y se mantengan bajo el control absoluto de la voluntad de Dios en sus vidas. Algo esencial que debemos saber es que no podemos agradar a Dios en todas las cosas, ni dar frutos, si no caminamos y nos movemos en su voluntad. Fíjate bien que Pablo dice: «Y de pedir que seáis llenos del conocimiento de su voluntad en toda sabiduría e inteligencia espiritual, para que andéis como es digno del Señor, agradándole en todo».

La Biblia es nuestro manual a seguir. En ella tenemos escrita de manera explícita la voluntad de Dios para la vida diaria de sus hijos. Allí se nos enseña cómo debe vivir y comportarse un hijo de Dios tanto con los hermanos en Cristo como con los de afuera. Sin embargo, muchos creyentes se confunden cuando se levantan personas que les enseñan o les profetizan, pero lo que les dicen está fuera por completo de lo que establecen las Escrituras. Al no saber lo que enseña la

Palabra, no pueden entender cuál sea la perfecta voluntad de Dios para su vida, pues carecen de conocimiento bíblico.

El creyente necesita conocer cuál es la perfecta voluntad de Dios para sus vidas, a fin de caminar cada día de acuerdo a la misma. Luego, agradando a Dios en todo, tienen la suficiente fuerza espiritual para destruir cada maquinación diabólica que se levanta en su contra. Por esta razón Pablo exhorta a la iglesia para que le pida al Señor que le dé espíritu de sabiduría; es decir, que le dé discernimiento espiritual para poder percibir lo que es de Dios y lo que no lo es, para poder caminar agradando al Señor en todo sin tener tropiezo.

El diablo es muy astuto y usará a cualquier persona para tratar de confundirte. ¡Ten cuidado a quién escuchas! Hoy en día, como en los tiempos del apóstol Pablo, hay muchos falsos maestros enseñando doctrinas engañosas, doctrinas de demonios, y por esta razón hay muchos hermanos confundidos.

Por otro lado, a toda palabra profética tienes que buscarle base en la Escritura. Si lo que te dicen no tiene base bíblica, pon la luz roja, frena tu auto de inmediato y busca a Dios en oración para que te hable por medio de su Espíritu.

En una ocasión una hermana me llamó para hacerme una pregunta sobre algo en que tenía duda.

—Hermana, tengo en mi corazón el deseo de servir al Señor —me explicó—. Una profetisa en mi iglesia me dijo que Dios me quería usar y llamar al ministerio, pero debido a que mi esposo no es cristiano, dice que tengo que dejarlo.

—Hermana, ¿su esposo quiere dejarla? —le pregunté.

—No, no hermana —me respondió—. Él es un buen hombre y me quiere mucho. No quiere dejarme ni dejar a nuestro hijo.

—Ese no fue Dios hablando —le contesté—, esa es una falsa profecía. El Señor nuestro Dios nunca va a ir en contra de su Palabra. En 1 Corintios 7:13-14, Pablo dice: "Y si una mujer tiene marido que no sea creyente, y él consiente en vivir con ella, no lo abandone. Porque el marido incrédulo es santificado en la mujer, y la mujer incrédula en el marido".

Como puedes ver, el conocimiento de la Palabra de Dios es de suma importancia. A través de ella conocemos cuál es la voluntad de Dios agradable y perfecta para nuestra vida, y podemos parar al diablo para que no nos engañe. Dios les habla a sus hijos hoy de la misma forma que lo hizo en el pasado. Él es el mismo ayer, hoy y por los siglos.

Por lo tanto, para un hijo de Dios es imperativo buscar en oración ser llenos de sabiduría espiritual para conocer la perfecta voluntad de Dios y no dejarse engañar por el enemigo. Solo conociendo la voluntad del Padre para nuestras vidas es que podemos crecer y llevar frutos que glorifiquen su Nombre. Solo sabiendo la perfecta voluntad del Padre para nosotros como hijos podemos ser fortalecidos con todo el poder de Dios y con toda la potencia de su gloria. Además, podemos adquirir discernimiento espiritual para desenmascarar las mentiras del diablo.

A fin de andar como es digno del Señor agradándole en todo, el creyente necesita hacer un compromiso en su corazón de vivir a la altura de un hijo de Dios para agradar a Cristo. Debe estudiar su Palabra, someterse de forma voluntaria al señorío de Jesús en su vida, y acatar y obedecer con humildad la voluntad del Padre. Estando persuadido que ahora es un hijo del Dios altísimo, necesita caminar, hablar, actuar y vivir de acuerdo a la nueva posición que se le otorgó. Somos pueblo adquirido por Dios, como nos dice este pasaje:

> Mas vosotros sois linaje escogido, real sacerdocio, nación santa, pueblo adquirido por Dios, para que anunciéis las virtudes de aquel que os llamó de las tinieblas a su luz admirable; vosotros que en otro tiempo no erais pueblo, pero que ahora sois pueblo de Dios; que en otro tiempo no habíais alcanzado misericordia, pero ahora habéis alcanzado misericordia.
>
> 1 Pedro 2:9-10

El apóstol Pedro describe con claridad lo que expusimos antes diciendo que los que en otro tiempo no eran pueblo, y en el pasado los gobernaba el pecado, ahora en Cristo son llamados pueblo de Dios, debido a que, en su amor, Jesús los redimió y con su redención los hizo un pueblo santo para Dios el Padre. Por eso Dios nos llama linaje escogido, real sacerdocio, para anunciar las virtudes de aquel que nos rescató de las tinieblas a la luz admirable, de manera que le hablemos y le testifiquemos al mundo cuán grandes cosas el Señor ha hecho en nuestra vida.

LO QUE DE VERAS IMPORTA

No importa cómo nos ve el mundo, no importa lo insignificantes que parezcamos ser en lo físico, ni la opinión que las personas tengan de nosotros. Lo que importa en realidad es el conocimiento que tengamos de la voluntad de Dios para nuestras vidas y de conocer quiénes somos ahora en Él. Conociendo quiénes somos y cuál es el poder que actúa en nosotros, podemos enfrentarnos con el enemigo. Lo que marca la diferencia es si conocemos la nueva posición que nos otorgó Dios.

Cuando David enfrentó a Goliat, tenía todas las de perder ante los ojos del pueblo de Israel. Lo cierto es que solo miraban las desventajas que tenía David frente al gigante debido a que era menor en fuerza y en tamaño, y carecía de una armadura militar para enfrentarlo. Saúl mismo le dijo:

> No podrás tú ir contra aquel filisteo, para pelear con él; porque tú eres muchacho, y él un hombre de guerra desde su juventud.
>
> 1 Samuel 17:33

Aunque todos apostaban por la victoria de Goliat, a causa de su fuerza, su destreza militar y su imponente tamaño, David en cambio se veía victorioso. Sabía quién era Jehová de los ejércitos. Sabía cuál era la voluntad de Dios para su pueblo Israel y para él mismo. David conocía al Dios que lo llamó y ungió como rey, a pesar de que todavía no había ascendido al trono. Conocía también el poder de

Conozcamos quiénes somos

Dios que se le delegó mediante el aceite derramado sobre él cuando Samuel lo ungió como rey por mandato directo de Dios.

Por tanto, David no temió vérselas con Goliat ni salió a enfrentar al gigante con sus propias fuerzas. Le hizo frente conociendo cuál era su posición ante los ojos de Dios y cuál era el poder que se le dio a través de la unción que recibió cuando Dios lo eligió como rey. Observa lo que nos dice la Palabra sobre este hecho:

> Entonces dijo David al filisteo: Tú vienes a mí con espada y lanza y jabalina; mas yo vengo a ti en el nombre de Jehová de los ejércitos, el Dios de los escuadrones de Israel, a quien tú has provocado. Jehová te entregará hoy en mi mano, y yo te venceré, y te cortaré la cabeza, y daré hoy los cuerpos de los filisteos a las aves del cielo y a las bestias de la tierra; y toda la tierra sabrá que hay Dios en Israel. Y sabrá toda esta congregación que Jehová no salva con espada y con lanza; porque de Jehová es la batalla, y él os entregará en nuestras manos.
>
> 1 Samuel 17:45-47

El nombre «Jehová» significa «salvación». David sabía que no estaba solo, y que su victoria venía de Jehová, quien era también su salvación. Del mismo modo, nuestra victoria viene de Jehová, de Jehová de los ejércitos. El Dios de David es también nuestro Dios, nuestro Padre. Él es nuestra fuerza, nuestra Roca, nuestro escudo y nuestra salvación en la lucha espiritual.

Por tanto, no es hora de temer, sino de reconocer quiénes somos en Cristo y pararnos firmes en nuestro lugar. Conociendo que ahora somos llamados hijos de Dios, estamos persuadidos de que este maravilloso Dios a quien servimos es nuestro Padre celestial.

Notas

1. Earl D. Radmacher, Roland B. Allen, H. Wayne House, *Nuevo Comentario Ilustrado de la Biblia*, Grupo Nelson, 2002, p. 1280.
2. *Ibidem*, p. 1404.
3. *Ibidem*.

He aquí os doy potestad de hollar serpientes y escorpiones, y sobre toda fuerza del enemigo, y nada os dañará.

LUCAS 10:19

Capítulo 12

LA AUTORIDAD DEL CREYENTE

Me encanta leer el capitulo diez del Evangelio de Lucas. Me emociona ver cómo regresaron con gozo los setenta discípulos que el Señor mandó a predicar, pues vieron la manera en que los demonios se les sujetaban en el Nombre de Jesús. Yo entro en este escenario y me parece ver que mientras le contaban muy emocionados el poder que ejercían sobre los demonios, el Señor escuchándolos narrar sus experiencias les decía con una sonrisa que Él mismo había visto la caída del príncipe de los demonios.

Aunque no estaba físicamente con ellos, Él pudo ver la escena en espíritu, pues recordemos que Jesús es Dios. Con sus atributos de omnisciencia y omnipresencia podía ver caer a Satanás como un rayo y apagarse en su caída. Literalmente, Jesús les dijo: «Yo veía a Satanás caer del cielo como un rayo» (Lucas 10:18). En otras palabras, Jesús les decía: «Le vi caer de sus dominios, ya comenzó su derrota, pues para esto vine al mundo: para deshacer todas las obras de pecado, muerte y maldad que el diablo introdujo en la tierra».

LA GUERRA ESPIRITUAL QUE ENFRENTAMOS TODOS

LA AUTORIDAD DEL CREYENTE SOBRE LAS REGIONES CELESTES

Jesús les dijo a los setenta: «Yo veía a Satanás caer del cielo». Al usar la frase «caer del cielo», muchos pudieran pensar que Jesús se refería a que el diablo cayó del cielo donde Dios está sentado en su trono. Sin embargo, Jesús no decía eso, pues el diablo no está en el cielo. A él lo echaron de allí y este hecho es permanente. Aun así, algunos comentaristas bíblicos señalan la posibilidad de que aquí Jesús hiciera alusión al hecho que tuvo lugar en la guerra que se efectuó en los cielos cuando la rebelión del diablo.

Otros comentaristas, sin embargo, no están de acuerdo con esta declaración, ya que dicen que de la manera que está escrito el verbo, nos da la idea de que el Maestro se refería al momento justo en que se realizó el acontecimiento narrado por los discípulos. Yo opino lo mismo. Creo que Jesús literalmente lo vio caer en el momento que los discípulos ejercían su autoridad en el Nombre de Jesús, pero que no lo vio caer del cielo donde está Dios, sino desde los lugares donde está el diablo. Según nos dice el apóstol Pablo, el diablo y sus demonios habitan en lugares superiores a la tierra.

> Porque no tenemos lucha contra sangre y carne, sino contra principados, contra potestades, contra los gobernadores de las tinieblas de este siglo, contra huestes espirituales de maldad en las regiones celestes.
>
> Efesios 6:12

Para explicarlo mejor, diremos que vivimos en la tierra con su atmósfera, que es el cielo que vemos nosotros. Después de las galaxias donde están los planetas del sistema solar está el segundo cielo; es decir, las regiones celestes donde habitan los demonios. Después de allí, mucho más allá, está el tercer cielo donde habita Dios, tal y como dice el apóstol Pablo en este pasaje de las Escrituras:

> Conozco a un hombre en Cristo, que hace catorce años (si en el cuerpo, no lo sé; si fuera del cuerpo, no lo sé; Dios lo sabe)

La autoridad del creyente

fue arrebatado hasta el tercer cielo. Y conozco al tal hombre (si en el cuerpo, o fuera del cuerpo, no lo sé; Dios lo sabe), que fue arrebatado al paraíso, donde oyó palabras inefables que no le es dado al hombre expresar.

2 Corintios 12:2-4

Volviendo a las regiones celestes, podemos decir que los demonios y todas las huestes satánicas incursionan en la tierra tomando dominio sobre ella según el rango de autoridad que tengan. Desde allí también bombardean a los creyentes con maldiciones, y maniobrando con astutas y mentirosas trampas, vienen para hacer caer al creyente de su posición de autoridad. Fue de las regiones celestes, desde el segundo cielo, de donde Jesús vio caer a Satanás.

LA AUTORIDAD DEL CREYENTE SOBRE TODA FUERZA DEL MALIGNO

Sin duda alguna, Jesús se regocijaba mirando las primeras victorias que tenían sus discípulos sobre el reino de las tinieblas. En medio de esta euforia, pasa a declararles algo extraordinario para ellos y para la iglesia de todos los tiempos. Él les dice, como muestra el versículo que da inicio a este capítulo, que les daba «potestad» para «hollar serpientes y escorpiones», así como «sobre toda fuerza del enemigo», a fin de que nada en el mundo les hiciera daño (Lucas 10:19).

Si nos detenemos en este versículo y analizamos lo poderoso de esta declaración del Señor, encontramos en primer lugar que Jesús deja al descubierto su divinidad, su total autoridad y poder sobre todas las cosas diciendo: «He aquí os doy potestad». Ninguna persona puede dar algo que no posee, pero Él sí podía dar porque tenía, tiene y tendrá todo el poder, toda la potestad, por los siglos de los siglos debido a que Él es Dios. El propio Jesucristo dijo:

Toda potestad me es dada en el cielo y en la tierra.

Mateo 28:18

La palabra «potestad» viene del término griego *exousia*, el cual significa «autoridad, potencia, poder». Cuando Jesús dijo: «He aquí os doy potestad», en ese mismo instante se produjo una inigualable transferencia de poder. Con estas palabras nos hablaba acerca de que Él nos imparte su *exousia*, potencia, autoridad y poder para que hagamos la obra a la cual nos enviaba. Él nos estaba equipando con toda su potencia para que combatiéramos en contra del reino de las tinieblas y lo venciéramos.

En segundo lugar, vemos que Jesús dice en el versículo de Lucas 10:19: «He aquí os doy potestad de hollar». Si analizamos la palabra «hollar», esta significa «pisar, atropellar, pisotear, quebrantar, trillar, aplastar, destrozar». Cuando vemos a quiénes tenemos la autoridad de pisotear, nos percatamos de la magnitud de la autoridad que nos fue dada.

LA AUTORIDAD DEL CREYENTE SOBRE LAS HUESTES SATÁNICAS

Ahora bien, leyendo de nuevo todo el texto, podemos entender mejor a lo que nos referimos: «He aquí os doy potestad de hollar serpientes y escorpiones, y sobre toda fuerza del enemigo, y nada os dañará». En este texto Jesús no está hablando de serpientes y escorpiones físicos. En sentido metafórico, representa a las huestes satánicas con este simbolismo.

En el Salmo 91 también encontramos esta alegoría representando a las fuerzas malignas como animales. El salmista usa la misma metáfora implicando la autoridad que tiene todo creyente que mora bajo la cubierta de las alas del Señor Dios Todopoderoso, al mencionar que pisotearíamos serpientes, leones y dragones. Literalmente, lo leemos así:

> Sobre el león y el áspid pisarás; hollarás al cachorro del león y al dragón.
>
> Salmo 91:13

La autoridad del creyente

Jesús habló de pisotear serpientes y escorpiones, y el salmista en el Salmo 91, al igual que Jesús, habla del poder que tenemos de pisotear serpientes y menciona de manera específica al áspid. Este reptil es un tipo de serpiente muy maligna. El diccionario Vine la describe así:

> **ASPIS** (ἀσπίς, 785), serpiente pequeña y sumamente venenosa, cuya mordedura es fatal, a no ser que la parte afectada sea cortada de inmediato[1].

Todos sabemos lo peligrosas que son las serpientes. Además de que muchas son venenosas, pueden envolver a sus víctimas antes de matarlas por estrangulamiento. Los escorpiones, aunque no todos poseen un veneno tan poderoso para causar la muerte de su víctima, provocan fuertes dolores y molestias según el veneno que logren introducir con su mordida.

También en el Salmo 91 encontramos que podremos hollar al león, al cacharro del león y al dragón. Si analizamos el simbolismo que Jesús usó en Lucas 10:19, y el que el salmista utilizó en este salmo comparando las potestades satánicas con animales feroces o reptiles venenosos, vemos con claridad que demostraban con dicha comparación los rangos de autoridad del ejército maligno del diablo, y lo peligrosos que pueden resultar. Estos animales son fuertes, voraces, venenosos, ponzoñosos y peligrosos, igual que las huestes satánicas. Lo maravilloso que encontramos en estos pasajes de las Escrituras es que no importa lo férreas que sean las huestes satánicas, nosotros podemos vencerlas.

LA AUTORIDAD DEL CREYENTE SOBRE TODO EL REINO DE LAS TINIEBLAS

Jesús mismo le dio su autoridad al creyente para vencer a todo el reino de las tinieblas. Por tanto, podemos vencerlo, pisotearlo y hollarlo con la autoridad que nos delegó Jesús. Y por la autoridad que hay en nosotros, ninguna fuerza de las tinieblas podrá hacernos daño.

Muchas personas piensan que la autoridad de la que estamos hablando solo la tenemos para usarla contra alguna parte del ejército maligno, pero no con todas. Para esto se basan en la epístola de Judas que dice que, así como el arcángel Miguel no profirió juicio contra el diablo cuando ambos disputaban por el cuerpo de Moisés, nosotros no podemos combatir a los principados y potestades del diablo. Si esto fuera así, Jesús no hubiera dicho que teníamos la autoridad de hollar serpientes y escorpiones, y sobre toda fuerza del enemigo. Hubiera dicho: «Les doy potestad sobre alguna fuerza del enemigo, pero no con todas. ¡Tengan cuidado!». Sin embargo, Él no dijo eso, sino que fue claro al decir: «He aquí os doy potestad de hollar serpientes y escorpiones, y sobre toda fuerza del enemigo, y nada os dañará».

Cuando Jesús dijo «sobre toda fuerza del enemigo», nota que dijo TODA, no algunas solamente. Como bien significa esta palabra, «toda» es «toda». También especificó que nada nos dañaría. Por tanto, cuando dijo que «nada os dañará», eso es justo lo que quería expresar: ¡Nada, absolutamente nada, nos dañará!

Debo aclarar que cuando leemos la epístola de Judas, entendemos sin sombra de dudas que Judas se refería a los falsos maestros, hombres que no seguían la verdad, así que los califica como impíos, nubes sin agua, estrellas errantes que no servían a Dios, y rechazando toda autoridad, proferían juicios y maldiciones de lo que no conocían. Literalmente, Judas habla de ellos así:

> No obstante, de la misma manera también estos soñadores mancillan la carne, rechazan la autoridad y blasfeman de las potestades superiores. Pero cuando el arcángel Miguel contendía con el diablo, disputando con él por el cuerpo de Moisés, no se atrevió a proferir juicio de maldición contra él, sino que dijo: El Señor te reprenda. Pero éstos blasfeman de cuantas cosas no conocen; y en las que por naturaleza conocen, se corrompen como animales irracionales. ¡Ay de ellos! porque han seguido el camino de Caín, y se lanzaron por lucro en el error de Balaam,

La autoridad del creyente

y perecieron en la contradicción de Coré. Estos son manchas en vuestros ágapes, que comiendo impúdicamente con vosotros se apacientan a sí mismos; nubes sin agua, llevadas de acá para allá por los vientos; árboles otoñales, sin fruto, dos veces muertos y desarraigados; fieras ondas del mar, que espuman su propia vergüenza; estrellas errantes, para las cuales está reservada eternamente la oscuridad de las tinieblas.

Judas 1:8-13

El *Nuevo Comentario Ilustrado de la Biblia* analiza lo siguiente con respecto a esto:

> **8** Los falsos maestros eran arrogantes y tenían su propia agenda. No fueron ordenados por la Iglesia ni llamados por el Espíritu Santo. Judas le dio el nombre de **soñadoras** a estas personas impías, tal vez porque pedían la revelación divina, pero más precisamente porque negaban al Señor y por lo tanto vivían en un mundo irreal de engaños. Creaban su propio mundo falso, en el cual dedicarse a la inmoralidad iba mano a mano con la salvación. **rechazan la autoridad y blasfeman de las potestades superiores**: Estos falsos maestros rechazaban a los que estaban en cargos de la autoridad en las congregaciones locales. No sólo preferían el error a la verdad, sino que también se degradaban y rechazaban a quienes les enseñaban la verdad[2].

En este contexto, Judas estableció una comparación en cuanto a la forma de actuar de los falsos maestros y la del arcángel Miguel. Esos hombres no conocían a Dios, rechazaban toda la autoridad de la iglesia y proferían maldición contra las potestades o autoridades superiores. En cambio, cuando el arcángel Miguel se encontró con Satanás, no lo maldijo. No lo hizo porque fuera menor en fuerza que el diablo, pues Miguel tiene mayor rango que el suyo. Tampoco lo hizo porque le tuviera miedo, sino porque conocía lo que era la autoridad y se sometió a la autoridad de Dios diciéndole: «El

Señor te reprenda». Con este hecho, Miguel le dejó todo el juicio al Dios todopoderoso. Por otra parte, esos falsos maestros eran el retrato hablado del diablo. Maldecían e injuriaban a las autoridades superiores como su padre el diablo, quien es el mayor injuriador y blasfemador de todos los tiempos.

LA AUTORIDAD DEL CREYENTE SOBREPASA LO NATURAL

A nosotros nos crearon poco menor que los ángeles, y carecemos de la fuerza y el poder que tienen estos. Aun así, Jesús nos dio su poder, autoridad y potestad para hollar serpientes y escorpiones. Y esta es otra razón por la que el diablo nos odia, pues a pesar de que nos crearon poco menor que los ángeles, tenemos la potestad de enfrentarlo y vencerlo.

La autoridad que un creyente tiene va más allá de lo que nuestra mente natural puede percibir. En la epístola a los Efesios, el apóstol Pablo escribe de una forma clara la maravillosa revelación que Dios le concedió acerca de la posición de autoridad que tenemos en Cristo:

> Y cuál la supereminente grandeza de su poder para con nosotros los que creemos, según la operación del poder de su fuerza, la cual operó en Cristo, resucitándole de los muertos y sentándole a su diestra en los lugares celestiales, sobre todo principado y autoridad y poder y señorío, y sobre todo nombre que se nombra, no sólo en este siglo, sino también en el venidero; y sometió todas las cosas bajo sus pies, y lo dio por cabeza sobre todas las cosas a la iglesia, la cual es su cuerpo, la plenitud de Aquel que todo lo llena en todo.
>
> Efesios 1:19-23

En el versículo 20, Pablo nos dice que necesitamos entender cuál es el poder que actuó en Cristo resucitándole de los muertos y sentándole en los lugares celestiales sobre todo principado,

La autoridad del creyente

autoridad, poder, señorío, y sobre todo nombre que se nombra no solo en este siglo, sino también en el venidero.

Nota que esto es algo de suma importancia que la iglesia necesita conocer y siempre tener presente en la guerra que enfrentamos. La Biblia nos dice que después que Jesús venció en la cruz y resucitó, Dios lo sentó a su diestra en un lugar de autoridad sobre todo dominio y potestad.

Para muchos, esto pudiera parecerle como que Jesús está muy lejano a nuestra lucha diaria con el enemigo. Por esa razón es bueno aclarar que aunque Jesús está literalmente sentado a la diestra del Padre, en estos versículos se está hablando en un contexto de autoridad para el tiempo presente, para este momento donde tenemos luchas en contra de las huestes satánicas. Pablo nos dice que Jesús está sentado sobre los lugares celestiales, donde reinan los demonios, ejerciendo su autoridad sobre ellos. Un comentario en la *Biblia Plenitud* lo explica de esta manera:

> **1.20 Lugares celestiales** no se refiere al cielo, en el sentido de ser el hogar destinado a los redimidos. En lugar de ello, la palabra griega usada aquí se refiere al reino invisible que rodea nuestra presente situación diaria, la arena o la esfera donde se desarrolla la acción y la actividad espiritual. La autoridad de Cristo, que se manifiesta en toda época y supera cualquier poder conocido, está aquí y ahora (véanse también v. 3; 2.6; 3.10; 6.12)[3].
>
> **1.21 Principado y autoridad y poder y señorío** son términos usados consistentemente para referirse a las autoridades gobernantes en los reinos visibles e invisibles (véase 3.10). El NT revela una jerarquía invisible o poderes malignos que engañan y manipulan la conducta humana, haciendo de ese modo avanzar las estrategias satánicas. Cristo mismo y todos los que están en Cristo son puestos en autoridad sobre estos poderes; una autoridad que sólo la batalla espiritual puede afirmar, demostrar y mantener (6.12)[4].

Si seguimos leyendo en Efesios, en el capítulo 2 encontramos algo revelador y poderoso para nosotros que nos atestigua y confirma una vez más la autoridad que todo creyente nacido de nuevo tiene en Cristo.

> Pero Dios, que es rico en misericordia, por su gran amor con que nos amó, aun estando nosotros muertos en pecados, nos dio vida juntamente con Cristo (por gracia sois salvos), y juntamente con él nos resucitó, y asimismo nos hizo sentar en los lugares celestiales con Cristo Jesús, para mostrar en los siglos venideros las abundantes riquezas de su gracia en su bondad para con nosotros en Cristo Jesús.
>
> Efesios 2:4-7

Al analizar este pasaje, vemos que nos muestra la unión que tenemos con Cristo. Cuando aceptamos a Jesús como Señor y Salvador de nuestras vidas, se nos dice que la obra de Dios se debe a que nos amó y nos perdonó por su gran amor. No solo eso, pues junto con Cristo nos resucitó y nos dio vida cuando estábamos muertos en nuestros delitos y pecados. Es decir, por su gracia, pasamos de muerte a vida.

En esa gloriosa resurrección nos levantó hasta donde estaba Él, y nos hizo sentar junto con Cristo en los lugares celestiales. También en esta resurrección fue que nos llenó con su poder y nos vistió de su autoridad para poder ir en contra de todo poder de las tinieblas. Si Cristo está sentado sobre todo principado, poder, dominio, señorío y sobre todo nombre que se nombra, también nosotros estamos sentados junto con Él. Entonces, desde el punto de vista espiritual, tenemos todo poder y autoridad sobre el ejército satánico.

Además, tengamos en cuenta que en Efesios 1 se nos dice que Dios «sometió todas las cosas bajo sus pies [de Cristo], y lo dio por cabeza sobre todas las cosas a la iglesia, la cual es su cuerpo, la plenitud de Aquel que todo lo llena en todo» (v. 23). Si Dios sometió todas las cosas bajo los pies de Cristo y lo dio por cabeza a

La autoridad del creyente

la Iglesia que es su cuerpo (el cual somos nosotros), el diablo y todos sus secuaces están debajo de nuestros pies. La cabeza no actúa sola, sino que lo hace con el cuerpo. La plenitud de Aquel que todo lo llena en todo ha llenado su cuerpo, que es la Iglesia, con su *exousia*, con su plenitud, con su autoridad, a fin de hacer la obra restante.

A los ojos de Dios, nosotros estamos sentados en los lugares celestiales junto con Cristo, pues así lo dice este pasaje:

> Bendito sea el Dios y Padre de nuestro Señor Jesucristo, que nos bendijo con toda bendición espiritual en los lugares celestiales en Cristo.
>
> Efesios 1:3

Es decir, ya Dios nos bendijo con toda bendición espiritual al habernos resucitado y sentado junto con Jesús en un lugar de autoridad. Por lo tanto, no hay por qué temerle a un enemigo derrotado, pues tenemos el equipamiento necesario para la batalla. Jesús mismo nos dio su poder, autoridad y potencia para la pelea. Solo tenemos que levantarnos con el conocimiento de la autoridad que se nos ha dado en Cristo para enfrentarlo y vencerlo.

Recuerda, Jesús te dio su misma potestad y Dios Padre te sentó junto con Jesús en un lugar de autoridad en los lugares celestiales. Entonces, si tú eres parte del cuerpo de Cristo, el enemigo y todos sus súbditos están debajo de tus pies. ¡Amén!

NOTAS

1. W.E. Vine, *Vine: Diccionario Expositivo de palabras del Antiguo y del Nuevo Testamento Exhaustivo*, Grupo Nelson, Nashville, TN, 1999, p. 96.
2. Earl D. Radmacher, Roland B. Allen, H. Wayne House, *Nuevo Comentario Ilustrado de la Biblia*, Grupo Nelson, 2002, p. 1698.
3. *Biblia Plenitud*, Editorial Caribe, Nashville, TN, 1994, p. 1543.
4. *Ibidem*.

*Por lo cual Dios también le exaltó hasta lo sumo,
y le dio un nombre que es sobre todo nombre, para que
en el nombre de Jesús se doble toda rodilla de los que
están en los cielos, y en la tierra, y debajo de la tierra;
y toda lengua confiese que Jesucristo es el Señor,
para gloria de Dios Padre.*

FILIPENSES 2:9-11

Capítulo 13

EL NOMBRE DE JESÚS

En este último capítulo quisiera hablar del arma más poderosa que tiene todo cristiano nacido de nuevo en esta guerra espiritual que enfrentamos todos. El arma a la que me refiero es el Nombre de Jesús. A través de los siglos, muchos son los que han tratado de pasar por alto este Nombre. Incluso, muchos han querido ridiculizarlo, opacarlo, restarle importancia y hasta querer borrarlo de la fe de los creyentes. Con esto alegan todo tipo de razonamientos mentirosos nacidos del mismo infierno.

EL NOMBRE SIN IGUAL

Es difícil entender cómo es que hay hombres que permiten que su entendimiento se le entenebrezca hasta tal punto que no puedan ver con claridad que la Biblia nos enseña con vehemencia que Dios exaltó «hasta lo sumo» a Cristo y «le dio un nombre que es sobre todo nombre» (Filipenses 2:9). Los padres de la Iglesia, los discípulos, los que caminaron con Jesús, los pioneros de la iglesia primitiva, los apóstoles, todos testificaron de este grandioso Nombre aun con riesgo de perder la vida. En el libro de Hechos vemos que el apóstol Pedro defendió con valentía este poderoso Nombre delante de los gobernantes religiosos y de las autoridades del pueblo diciendo:

> Hablando ellos al pueblo, vinieron sobre ellos los sacerdotes con el jefe de la guardia del templo, y los saduceos, resentidos de que enseñasen al pueblo, y anunciasen en Jesús la resurrección de entre los muertos. Y les echaron mano, y los pusieron en la cárcel hasta el día siguiente, porque era ya tarde. Pero muchos de los que habían oído la palabra, creyeron; y el número de los varones era como cinco mil. Aconteció al día siguiente, que se reunieron en Jerusalén los gobernantes, los ancianos y los escribas, y el sumo sacerdote Anás, y Caifás y Juan y Alejandro, y todos los que eran de la familia de los sumos sacerdotes; y poniéndoles en medio, les preguntaron: ¿Con qué potestad, o en qué nombre, habéis hecho vosotros esto? Entonces Pedro, lleno del Espíritu Santo, les dijo: Gobernantes del pueblo, y ancianos de Israel: Puesto que hoy se nos interroga acerca del beneficio hecho a un hombre enfermo, de qué manera éste haya sido sanado, sea notorio a todos vosotros, y a todo el pueblo de Israel, que en el nombre de Jesucristo de Nazaret, a quien vosotros crucificasteis y a quien Dios resucitó de los muertos, por él este hombre está en vuestra presencia sano. Este Jesús es la piedra reprobada por vosotros los edificadores, la cual ha venido a ser cabeza del ángulo. Y en ningún otro hay salvación; porque no hay otro nombre bajo el cielo, dado a los hombres, en que podamos ser salvos.
>
> Hechos 4:1-12

Como puedes ver, el apóstol Pedro testificó abiertamente y con gran convicción delante de todos los que le escuchaban, que no hay otro Nombre como el de Jesús. No hay otro Nombre, por grande que parezca, que pueda salvar al hombre del pecado, rescatarlo del poder del diablo y sanarlo de sus enfermedades. El apóstol Pedro lo expresó bien claro diciendo: «Y en ningún otro hay salvación; porque no hay otro nombre bajo el cielo, dado a los hombres, en que podamos ser salvos» (v. 12). Por lo tanto, ¡no hay otro Nombre! No existe, no lo hay, solo Jesús es el Nombre sin igual.

Entonces, ¿quién es el que puede atreverse a negar que Jesús sea el Nombre sobre todo nombre si la Biblia misma declara este hecho? Por supuesto que el diablo es el único interesado en esconder esta verdad de los hombres, pues bien conoce el poder que encierra este Nombre y lo teme. Por ese motivo, trata de entenebrecer el pensamiento de algunos para que no puedan ver la gloriosa potestad, autoridad, dominio y poder que envuelve el Nombre de Jesús.

También muchos han caído en esta mentira del diablo y se han levantado de manera encarnizada combatiendo este Nombre, tratando de restarle la importancia que le otorgó el mismo Dios Padre. La verdad es que no importa cuánto hagan los hombres, ni cuánto haga el mismo diablo para restarle grandeza y valor a este Nombre. Nunca podrán borrarlo ni nunca van a poder quitarle su poder, pues este es el único Nombre que el Dios Altísimo dio para que todos los que crean en Él sean salvos.

LO QUE NOS DICE LA BIBLIA

Hoy en día, oímos a algunos falsos maestros enseñándole al pueblo que no se debe usar el Nombre de Jesús porque esto es herejía. Entonces, alegando una serie de disparates han confundido tanto a muchos creyentes que estos ya no quieren mencionar siquiera el Nombre de Jesús por miedo a estar cometiendo sacrilegio. Por esta causa quisiera hacer un recuento bíblico a fin de corroborar que el Nombre de Jesús es el nombre que Dios le dio a nuestro Salvador y, a su vez, hacer notorio a todos los que no creen que este Nombre se engrandeció desde la eternidad y se engrandecerá hasta la eternidad.

Debido a que lo atestiguan las Escrituras, negar que Jesús sea el Nombre del Hijo de Dios es negar la veracidad de la Palabra misma. En el Antiguo Testamento, encontramos que el profeta Isaías anunció el advenimiento de Jesús alrededor de setecientos cincuenta años antes de que llegara el tiempo establecido para su primera venida cuando dijo:

> Por tanto, el Señor mismo os dará señal: He aquí que la virgen concebirá, y dará a luz un hijo, y llamará su nombre Emanuel.
> Isaías 7:14

Al cumplirse el tiempo determinado por Dios para que llegara a este mundo Aquel que salvaría al hombre del dominio satánico, de la muerte, del pecado y de la enfermedad, el ángel Gabriel trajo un mensaje muy importante a la tierra de parte de Dios. En esta oportunidad, su destinatario era José, un humilde carpintero con quien estaba desposada la virgen María, y a quien Dios se le reveló en sueños por medio del ángel que le dijo:

> José, hijo de David, no temas recibir a María tu mujer, porque lo que en ella es engendrado, del Espíritu Santo es. Y dará a luz un hijo, y llamarás su nombre JESÚS, porque él salvará a su pueblo de sus pecados. Todo esto aconteció para que se cumpliese lo dicho por el Señor por medio del profeta, cuando dijo: He aquí, una virgen concebirá y dará a luz un hijo, y llamarás su nombre Emanuel, que traducido es: Dios con nosotros.
> Mateo 1:20-23

Nota que el apóstol Mateo explica que la aparición del ángel a José confirmaba la profecía dicha por el profeta Isaías muchos años antes. También se nos dice con claridad que el ángel Gabriel, mensajero del Dios Altísimo, le dijo a José que al niño que María daría a luz le debía poner por nombre JESÚS. Es evidente que aquí queda manifiesto que el que le dio el nombre al Mesías fue Dios mismo, nadie más. Por tanto, queda abolido todo razonamiento que quiera traer descrédito a este Nombre.

El nombre de Jesús

La orden que Dios le dio a José por medio del ángel Gabriel para ponerle el nombre al Niño era de suma importancia, ya que cuando el Padre le daba el nombre representaba que lo reconocía delante de todos como su Hijo. Así que con este hecho, y con la obediencia de José al adoptar y reconocer a Jesús como su hijo, lo incluía en la descendencia de David.

José fue el canal por el que a Jesús le llamarían «hijo de David», pues siendo el padre terrenal de Jesús, o su padre adoptivo, y viniendo directamente de la descendencia de David, le otorgaba este derecho legal de usar este título: «hijo de David». Así como Dios escogió a María para ser la madre de Jesús, Dios escogió a José para ser el padre terrenal de su Hijo. El *Nuevo Comentario Ilustrado de la Biblia* comenta lo siguiente acerca de este pasaje de Mateo:

> **1.21-22 llamarás su nombre Jesús:** «Jesús» significa «Jehová es Salvador» y es el equivalente griego del nombre hebreo del AT «Josué». El hecho que José fuera quien le pusiera el nombre al niño es significativo («llamarás» es segunda persona singular), porque cuando el padre le ponía nombre al niño significaba que estaba reclamando al niño como miembro de su familia. Esto le dio al Señor Jesús los derechos legales al linaje de David. A pesar de que a José se le hizo difícil para hacer esto, la obediencia a Dios lo demandaba[1].

¡Gloria a Dios! ¿No es maravilloso esto? Dios mismo le escogió los padres a su Hijo, y también le escogió el nombre que le debían poner.

Muchos tropiezan con el hecho de que Jesús no es el nombre que Dios le puso al Mesías porque de seguro que «Jesús» no es un nombre hebreo. La *Nueva Concordancia Strong Exhaustiva de la Biblia* nos dice que el nombre original de nuestro Señor es *Ihsous*, es decir, *Yejoshúa*, de origen hebreo.

Por otra parte, el Diccionario Vine dice que en griego, *Iesous*, «es una transliteración del nombre heb. "Josué", significando "Jehová es salvación"; esto es, "es el Salvador"; era "un nombre común entre los judíos (p.ej., Éx 17.9; Lc 3.29; Col 4.11). Fue dado al Hijo de Dios en la encarnación como su nombre personal, en obediencia a la orden dada por un ángel a José, el marido de su madre, María, poco antes de que Él naciera (Mt 1.21). Es con este nombre que se le designa generalmente en las narraciones evangélicas"»[2].

La diferencia está en la traducción de los idiomas. Por ejemplo, mi esposo se llama Josué. Este nombre es lo mismo en español y en portugués, solo se diferencia en la pronunciación. Sin embargo, mi hijo tiene el mismo nombre, pero en el idioma inglés. El nombre de Joshua se escribe y se pronuncia diferente a Josué (en español). Aunque es el mismo nombre, la diferencia del idioma lo hace ver distinto. Lo mismo sucedió en la traducción del nombre *Iesous* del hebreo al griego. Solo cambió el nombre por la diferencia del idioma, pero por esta diferencia idiomática no cambia su significado, ni mengua su poder, pues el nombre sigue siendo el mismo. Por lo tanto, no debes dejar de pronunciar el Nombre de Jesús, porque este Nombre es excelso, majestuoso, grande, dulce, amoroso, maravilloso y sin igual.

Con esta explicación entendemos que todo este malentendido viene por la diferencia de los idiomas. El ángel le dio la orden a José de cómo debería llamar al Niño en el idioma hebreo o arameo (no lo sabemos), pues estos eran los idiomas que se usaban en esa época. En cambio, cuando se escribieron los Evangelios, se hizo en el idioma griego. De modo que se tradujo todo lo que se habló en hebreo o arameo al griego.

El Nuevo Testamento que tenemos en nuestra Biblia se tradujo del griego a los diferentes idiomas del mundo actual. Por eso en español leemos el Nombre del Hijo de Dios: Jesús. Y aunque Jesús (*Iesous*) era un nombre común en Israel, el significado de este nombre es poderoso, pues significa «Jehová es salvación». No te engañes, aunque el Nombre cambie por la traducción de los diferentes idiomas, su grandeza, poder, autoridad y potestad siguen siendo los mismos, porque Jesús (*Iesous*) es el Nombre que es sobre todo nombre.

El nombre de Jesús

El ángel Gabriel le anunció a José con todas las letras que llegaba nuestro maravilloso Jesús, nuestro Salvador y Redentor, el Autor de la Vida. Sin lugar a dudas, Dios el Padre le dio el Nombre de Jesús al Mesías, a la raíz de David, al León de la tribu de Judá, a nuestro Maestro, Salvador y Rey.

El Nuevo Testamento abre las puertas anunciando el Nuevo Pacto con el nacimiento de Jesús. El Rey de reyes venía a este mundo para anunciar las buenas nuevas de salvación, para redimir al hombre del pecado y traerlo de regreso a la comunión con Dios.

EN JESÚS ESTÁ LA VIDA

Jesús es el autor de la vida, Él es la vida misma. Cuando pronuncias su Nombre, estás hablando vida. El apóstol Juan nos dice: «En él estaba la vida, y la vida era la luz de los hombres» (Juan 1:4). El *Nuevo Comentario Ilustrado de la Biblia* aclara este pasaje cuando dice:

> **1.4** Observe que no se dice que la vida haya sido creada, la vida existía en Cristo (5.26; 6.57; 10.10; 11.25; 14.6; 17.3; 20.31). Los humanos dependen de Dios para vivir. Nuestra existencia, espiritual y física, depende del poder sustentador de Dios. En contraste, el Hijo tiene vida en sí mismo por toda la eternidad. La vida, Jesucristo, es también **la luz de los hombres**. Esta imagen transmite el concepto de revelación. Como la luz, Jesucristo revela a Dios y el pecado a los hombres (Sal 36.9). Más tarde en este Evangelio, Cristo declara ser tanto la vida (11.25) como la luz (8.12). La muerte y las tinieblas huyen cuando la luz y la vida entran. Los muertos se levantan y los ciegos reciben la vista, tanto física como espiritual»[3].

Solo con mencionar el nombre de Jesús se transforma la atmósfera, cambia el clima de las circunstancias que nos rodean, pues este Nombre irradia paz, vida, luz, amor, gozo, bondad, salvación, sanidad y liberación. El profeta Isaías testificó sobre las características que envuelven a Jesús y lo exaltó diciendo que Él es «Admirable, Consejero, Dios Fuerte, Padre Eterno, Príncipe de Paz» (9:6). El autor del libro de Hebreos describe a Jesús en una forma sencilla, pero hermosa, diciendo que Él es «más sublime que los cielos» (7:26).

No existe nombre por grande o famoso que este sea que pueda igualarse al Nombre de Jesús. En lo terrenal, quizá muchos recibieran un nombre célebre y grande entre los hombres por herencia. Incluso, otros trabajan duro y por sus logros llegan a alcanzar un prestigioso nombre. A otros se les otorga un nombre ilustre debido a la autoridad que le concede algún gobierno. Sin embargo, Jesús recibió un Nombre que es sobre todo nombre dado por su Padre, el Creador del cielo, la tierra y todo lo que en ella hay.

JESÚS ES EL NOMBRE SOBRE TODO NOMBRE

En su carta a la iglesia de Filipos, el apóstol Pablo nos habla de algunas de las características del Señor Jesús:

> Haya, pues, en vosotros este sentir que hubo también en Cristo Jesús, el cual, siendo en forma de Dios, no estimó el ser igual a Dios como cosa a que aferrarse, sino que se despojó a sí mismo, tomando forma de siervo, hecho semejante a los hombres; y estando en la condición de hombre, se humilló a sí mismo, haciéndose obediente hasta la muerte, y muerte de cruz. Por lo cual Dios también le exaltó hasta lo sumo, y le dio un nombre que es sobre todo nombre, para que en el nombre de Jesús se doble toda rodilla de los que están en los cielos, y en la tierra, y debajo de la tierra; y toda lengua confiese que Jesucristo es el Señor, para gloria de Dios Padre.
>
> Filipenses 2:5-11

Jesús es grande, Jesús es Dios mismo. La Biblia nos dice que siendo en forma de Dios, no tomó esto como cosa a la cual aferrarse.

El nombre de Jesús

El *Nuevo Comentario Ilustrado de la Biblia* nos lo explica de esta manera:

> **2.6 forma:** Pablo utiliza cuidadosamente la palabra griega *morfé* con el participio presente para indicar que la naturaleza que Cristo posee continuamente es «el carácter específico o la sustancia esencial» de Dios. Esta palabra expresa siempre la naturaleza del ser al cual se asocia. Aquello que Dios era, lo es Jesús. El estatus que Dios poseía lo poseía también Jesús. Por tanto, ya que la naturaleza de Jesús es la naturaleza de Dios, Jesús es Dios[4].

La grandeza, la humildad y la obediencia de Jesús nos dejan sin palabras. Jesús, el Rey de reyes, dejó su trono de gloria y vino a este mundo a vivir como un mortal. El Rey de gloria nació en un pesebre. Siendo rico se hizo pobre y habitó entre los mortales para llevar a cabo el plan de salvación. Proclamó las buenas nuevas de salvación y fue al Calvario. Siendo inocente se hizo culpable al ocupar nuestro lugar. En la cruz venció al diablo y a todo su reino de las tinieblas, por lo que Dios lo honró con un excelente Nombre.

Esta victoria que Jesús obtuvo en la cruz sobre el reino satánico fue un acontecimiento apoteósico y sin igual. Al diablo y a sus huestes de maldad se vencieron y ridiculizaron delante de todo el mundo espiritual. Por esta razón, el diablo no quiere que se use el Nombre de Jesús, pues bien sabe que este Nombre lo despojó del poder que usurpó desde que engañó a Eva en el huerto. Jesús lo escarneció al vencer sobre él en la cruz:

> Y despojando a los principados y a las potestades, los exhibió públicamente, triunfando sobre ellos en la cruz.
>
> Colosenses 2:15

El *Nuevo Comentario Ilustrado de la Biblia* analiza y describe este pasaje de esta manera:

2.15 **los principados y las potestades** aluden a Satanás y a los ángeles caídos. Pablo describe la victoria de Cristo en la cruz por sobre las fuerzas que se oponen a Él y que están en contra del pueblo fiel de Dios. Para describir esta victoria, Pablo usa el espectáculo de un triunfo militar, cuando se despojan y se exhiben a los prisioneros de guerra frente al pueblo detrás del general conquistador. Satanás y sus fuerzas pensaron que la cruz representaría su victoria final y la derrota de Cristo. En realidad, el Señor en la cruz derrotó a sus enemigos, les arrebató sus armas y **los exhibió públicamente.** Esto contrasta enormemente con la victoria de Satanás sobre nuestros primeros padres en el huerto del Edén. Satanás fue el vencedor en esa oportunidad, pero en la cruz él es el claro perdedor[5].

Jesús expuso al diablo y a sus huestes al ridículo cuando los hizo desfilar delante de todo el mundo espiritual encadenados, humillados y derrotados. Como resultado, Jesús es el Nombre sobre todo nombre.

EL NOMBRE DE JESÚS ENCIERRA TODA AUTORIDAD, POTESTAD Y PODER QUE TIENE ÉL MISMO

El nombre de Jesús es un Nombre de autoridad, de poder. Es el único Nombre que hace temblar al reino de las tinieblas. La autoridad de Jesús es poderosa por igual en el cielo y en la tierra. En el Evangelio de Mateo se nos muestra la propia declaración del Señor:

> Y Jesús se acercó y les habló diciendo: Toda potestad me es dada en el cielo y en la tierra.
>
> Mateo 28:18

Toda esta autoridad, poder y potestad que Jesús ejerció en su ministerio terrenal permanece desde el principio en su Nombre.

El nombre de Jesús

> En el principio era el Verbo, y el Verbo era con Dios, y el Verbo era Dios. Este era en el principio con Dios. Todas las cosas por él fueron hechas, y sin él nada de lo que ha sido hecho, fue hecho.
>
> Juan 1:1-3

Jesús es Dios, y su Nombre es grande y sublime desde el principio. David, en su salmo de acción de gracias por el favor de Dios, nos confirma esto cuando dice:

> Me postraré hacia tu santo templo, y alabaré tu nombre por tu misericordia y tu fidelidad; porque has engrandecido tu nombre, y tu palabra sobre todas las cosas.
>
> Salmo 138:2

Por tanto, Jesús es grande, Él es la Palabra misma, y Dios engrandeció su Nombre por sobre todas las cosas.

Si lo recuerdas, cuando Dios llamó a Moisés para que fuera y se presentara al pueblo de Israel para decirle que Dios lo libertaría de la esclavitud, Moisés le preguntó en qué nombre se presentaría a los hijos de Israel. La Biblia lo narra de esta manera:

> Dijo Moisés a Dios: He aquí que llego yo a los hijos de Israel, y les digo: El Dios de vuestros padres me ha enviado a vosotros. Si ellos me preguntaren: ¿Cuál es su nombre?, ¿qué les responderé? Y respondió Dios a Moisés: YO SOY EL QUE SOY. Y dijo: Así dirás a los hijos de Israel: YO SOY me envió a vosotros.
>
> Éxodo 3:13-14

Este mismo poder que está en el Nombre de YO SOY es el mismo poder y la misma autoridad que están en el Nombre de JESÚS, puesto que Jesús es también el gran Yo Soy. En el capítulo 18 del Evangelio de Juan, se nos dice que cuando vinieron los soldados para arrestar a Jesús en el huerto de Getsemaní, Él les preguntó a los soldados a quién buscaban, y cuando le dijeron que buscaban a Jesús nazareno, Él les respondió: «Yo soy». Cuando Jesús les dijo: «Yo soy», los soldados retrocedieron y se cayeron. ¡Aleluya! Hay poder con solo la mención de este nombre de «Yo Soy».

De la misma manera que en el Antiguo Testamento Dios le delegó el permiso a Moisés para usar su Nombre para sacar a Israel de Egipto, Jesús nos delegó su Nombre a nosotros para llevar las nuevas de salvación al perdido. Nosotros no podemos predicar salvación en nuestro propio nombre, porque no hay otro nombre bajo el cielo dado a los hombres en que podamos ser salvos, sino que solo en el Nombre de Jesús el pecador encuentra la salvación. Después de su resurrección, Jesús les da a sus discípulos la Gran Comisión diciendo:

> Por tanto, id, y haced discípulos a todas las naciones, bautizándolos en el nombre del Padre, y del Hijo, y del Espíritu Santo; enseñándoles que guarden todas las cosas que os he mandado; y he aquí yo estoy con vosotros todos los días, hasta el fin del mundo. Amén.
>
> Mateo 28:19-20

Con este mandato imperativo de «por tanto, id, y haced discípulos», Jesús le estaba impartiendo su poder a la Iglesia para predicar su Palabra. Por eso es que cuando usamos su Nombre, es como si Él mismo estuviera allí predicando. Esa *exousia* (poder, autoridad, potestad) que tiene nuestro Señor, la tenemos nosotros ahora usando su Nombre. De ahí que Jesús concluyera diciéndoles: «Y he aquí yo estoy con vosotros todos los días, hasta el fin del mundo» (Mateo 28:20).

Por supuesto, Jesús no está físicamente con nosotros, pues Él ascendió a los cielos y está sentado a la diestra de Dios Padre. Entonces, ¿cómo puede Jesús estar con nosotros para siempre? ¡Por el Espíritu Santo! Aquí tienes las palabras del Señor que aclaran esta realidad:

El nombre de Jesús

Pero cuando venga el Espíritu de verdad, él os guiará a toda la verdad; porque no hablará por su propia cuenta, sino que hablará todo lo que oyere, y os hará saber las cosas que habrán de venir. Él me glorificará; porque tomará de lo mío, y os lo hará saber. Todo lo que tiene el Padre es mío; por eso dije que tomará de lo mío, y os lo hará saber.

Juan 16:13-15

Además, Jesús también dijo que para ser sus testigos necesitaríamos poder: «Pero recibiréis poder, cuando haya venido sobre vosotros el Espíritu Santo, y me seréis testigos en Jerusalén, en toda Judea, en Samaria, y hasta lo último de la tierra» (Hechos 1:8). La palabra «poder» en el libro de los Hechos viene del término griego *dunamis*, que significa «poder, fuerza, fortaleza, habilidad y capacidad». El Espíritu Santo es el que nos da ese poder que había en Jesús a fin de que tengamos fuerza, fortaleza, habilidad y capacidad para realizar la obra de Dios y ser sus testigos.

Ahora bien, en hebreo la palabra «poder» tiene la misma connotación que en griego, pues viene de la palabra *koaj* que significa «fortaleza; poder; fuerza; capacidad; aptitud». Por eso el Señor, hablando por medio del profeta Zacarías, nos dice:

No con ejército, ni con fuerza, sino con mi Espíritu, ha dicho Jehová de los ejércitos.

Zacarías 4:6

De manera que no se trata de nuestra fuerza, ni de nuestra inteligencia. Es más, no es en nuestro nombre que podemos vencer, sino solo en el poder de Dios. Por el poder de Jesús que actúa en nosotros por su Espíritu, por el poder que tenemos en su Nombre, es que podemos ir y destruir toda fortaleza del enemigo que se levante contra nosotros.

LA GUERRA ESPIRITUAL QUE ENFRENTAMOS TODOS

EL NOMBRE DE JESÚS ES NUESTRA VICTORIA EN LA GUERRA CONTRA LAS HUESTES SATÁNICAS

Jesús declara abiertamente la transferencia de poder que Él nos dio con el propósito de hacer su obra. Él les dijo a sus discípulos:

> He aquí os doy potestad de hollar serpientes y escorpiones, y sobre toda fuerza del enemigo, y nada os dañará.
>
> Lucas 10:19

Esta potestad Jesús nos la dio a través de su Nombre. Todo este poder que Jesús ejerció durante su ministerio en la tierra, y que ejerce en los cielos, está puesto en su Nombre. Cuando Jesús dice: «He aquí os doy potestad», es evidente que se refiere a que Él es quien nos da el poder, la autoridad, la potestad en su Nombre, de modo que investidos así podamos ir en contra de toda potestad satánica y vencerla.

El Nombre de Jesús es el arma más poderosa que tenemos para ir en contra de toda fuerza del enemigo y vencerlo. También es el antídoto para que nada que el enemigo quiera hacer en contra nuestra nos dañe. En el Evangelio de Marcos, se narra una vez más la orden de Jesús para ir y llevar a cabo la Gran Comisión:

> Y les dijo: Id por todo el mundo y predicad el evangelio a toda criatura.
>
> Marcos 16:15

Si ponemos atención y continuamos leyendo en Marcos 16, encontramos que Jesús nos enseña cómo podemos llevar a cabo esta encomienda de hacer la obra de Dios y enfrentarnos con el reino de las tinieblas:

> Y estas señales seguirán a los que creen: En mi nombre echarán fuera demonios; hablarán nuevas lenguas; tomarán en las manos

El nombre de Jesús

serpientes, y si bebieren cosa mortífera, no les hará daño; sobre los enfermos pondrán sus manos, y sanarán.

Marcos 16:17-18

Nota que Jesús dijo: «En mi nombre». Con sus propias palabras, Jesús nos daba el poder legal de usar su Nombre para ir en contra de toda fuerza del enemigo. Así que es imperativo usar su Nombre, puesto que en el Nombre de Jesús es que tenemos el poder legal para hacer la obra que nos mandó. Ahora bien, no debemos de olvidar nunca este hecho: nosotros somos partícipes de esta autoridad, poder y potestad de Jesús porque recibimos su permiso para usar su glorioso Nombre aquí en la tierra. Nosotros somos los representantes de Dios, somos sus embajadores, somos el cuerpo de Cristo. Por lo tanto, a nosotros se nos otorgó el permiso para usar este glorioso Nombre. En el libro de los Hechos tenemos un suceso que nos ilustra con claridad lo que estamos diciendo:

> Pero algunos de los judíos, exorcistas ambulantes, intentaron invocar el nombre del Señor Jesús sobre los que tenían espíritus malos, diciendo: Os conjuro por Jesús, el que predica Pablo. Había siete hijos de un tal Esceva, judío, jefe de los sacerdotes, que hacían esto. Pero respondiendo el espíritu malo, dijo: A Jesús conozco, y sé quién es Pablo; pero vosotros, ¿quiénes sois? Y el hombre en quien estaba el espíritu malo, saltando sobre ellos y dominándolos, pudo más que ellos, de tal manera que huyeron de aquella casa desnudos y heridos. Y esto fue notorio a todos los que habitaban en Éfeso, así judíos como griegos; y tuvieron temor todos ellos, y era magnificado el nombre del Señor Jesús.
>
> Hechos 19:13-17

En este pasaje podemos ver que los demonios conocían el poder de Jesús, y también sabían que Pablo tenía este poder. También sabían que Pablo poseía el derecho legal dado por Jesús para usar este glorioso

Nombre. En cambio, esos hombres impíos no tenían ningún poder legal que les acreditara para usar el Nombre de Jesús. Por lo tanto, los demonios lo hicieron correr desnudos, golpeados y aterrorizados.

El reino de las tinieblas sabe que nosotros los redimidos por la sangre del Cordero de Dios hemos recibido el poder legal para usar el bendito Nombre de Jesús contra toda fuerza satánica. De aquí que los demonios en el reino de las tinieblas conozcan bien que, cuando un creyente los resiste bajo la autoridad del Nombre de Jesús, tienen que huir. ¡Aleluya!

En el poderoso Nombre de Jesús es que se nos otorgó la transferencia de poder para ir en contra de todas las huestes satánicas y estas no nos podrán hacer daño alguno. En el poderoso Nombre de Jesús es que podemos orar por los enfermos para que sanen. En su Nombre es que podemos hablar nuevas lenguas. En su Nombre es que podemos echar fuera demonios, y también en su Nombre es que si tomáramos en las manos o comiéramos cosas mortíferas, no nos harán daño.

Recuerda que somos hijos de Dios. Por lo tanto, tenemos la autorización legal de usar su Nombre para ir en contra de toda potestad de las tinieblas y vencerla. De ahí que podamos decir que el Nombre de Jesús es el arma más poderosa que tenemos para pelear y vencer en esta guerra espiritual.

EL NOMBRE DE JESÚS ES NUESTRA IDENTIFICACIÓN Y GARANTÍA PARA PRESENTARNOS ANTE EL TRONO DE LA GRACIA

Sin duda, el nombre de Jesús nos identifica como hijos de Dios, así como nos garantiza la entrada hasta el trono de la gracia por el derecho legal que nos otorgó Él mismo a través de nuestro Señor Jesucristo:

> Así que, hermanos, teniendo libertad para entrar en el Lugar Santísimo por la sangre de Jesucristo, por el camino nuevo y vivo que

él nos abrió a través del velo, esto es, de su carne, y teniendo un gran sacerdote sobre la casa de Dios, acerquémonos con corazón sincero, en plena certidumbre de fe, purificados los corazones de mala conciencia, y lavados los cuerpos con agua pura.
Hebreos 10:19-22

El Nombre de Jesús nos habla de un Nuevo Pacto, de una nueva relación entre el creyente y Dios. En el Antiguo Testamento vemos que la gente se acercaba a Dios a través de los sacerdotes. Después de la resurrección de Cristo, cualquier creyente puede acercarse a Dios directamente. En este Nuevo Pacto todos los creyentes son sacerdotes, pues la Palabra misma nos dice que Jesús «nos hizo reyes y sacerdotes para Dios, su Padre» (Apocalipsis 1:6).

Por lo tanto, todo creyente ahora puede hablar con Dios de manera personal y directa. Vale recordar que ahora no nos acercamos a Dios por nuestro propio mérito, sino por los méritos de Jesús, nuestro gran Sumo Sacerdote que nos ha hecho aceptos ante Dios el Padre. Por eso el Nombre de Jesús es nuestra identificación para presentarnos con toda seguridad ante el trono de la gracia:

Acerquémonos, pues, confiadamente al trono de la gracia, para alcanzar misericordia y hallar gracia para el oportuno socorro.
Hebreos 4:16

EL NOMBRE DE JESÚS ES LA LLAVE PARA ABRIR TODA ORACIÓN

En el Nombre de Jesús es que nuestro Señor nos mandó a orar al Padre. Nosotros abrimos toda oración para llegar al Padre y recibir su respuesta en el Nombre de Jesús. En Juan 16:23, Jesús nos dice: «De cierto, de cierto os digo, que todo cuanto pidiereis al Padre en mi nombre, os lo dará».

El Padre no nos escucha y responde nuestras oraciones por los méritos que hayamos obtenido, ni tampoco por las horas de oración que hagamos al día. El Padre solo nos escucha cuando vamos a Él en el Nombre de su amado Hijo. Con la mención del Nombre de Jesús es que tenemos la certeza de que el Padre nos escucha. Es más, en su Nombre es que tenemos la garantía de recibir lo que pedimos. Él mismo nos dijo que recibiríamos lo que pidiéramos si lo hiciéramos en su Nombre:

> Y todo lo que pidiereis al Padre en mi nombre, lo haré, para que el Padre sea glorificado en el Hijo. Si algo pidiereis en mi nombre, yo lo haré.
>
> Juan 14:13-14

Con respecto al versículo 13 de este pasaje, un comentario de la *Biblia Plenitud* nos dice lo siguiente:

> **14.13** La oración ofrecida en el **nombre** de Jesús está en concordancia con su naturaleza y propósitos revelados, y cuenta con todo el peso de su autoridad[6].

Nota que la oración eficaz, la oración que produce resultados, se tiene que hacer en el Nombre de Jesús. Él mismo nos dice en este versículo que todo lo que pidiéramos en su Nombre no solo el Padre nos lo concedería, sino que Él mismo lo haría con el propósito de glorificar al Padre en su Nombre.

EL NOMBRE DE JESÚS ES GRANDE Y PODEROSO

La grandeza y el poder del nombre de Jesús se ponen de manifiesto de manera extraordinaria en este pasaje de la Biblia que nos habla de cómo Dios mismo exaltó al Señor Jesucristo:

> Por lo cual Dios también le exaltó hasta lo sumo, y le dio un nombre que es sobre todo nombre, para que en el nombre de

El nombre de Jesús

Jesús se doble toda rodilla de los que están en los cielos, y en la tierra, y debajo de la tierra; y toda lengua confiese que Jesucristo es el Señor, para gloria de Dios Padre.

Filipenses 2:9-11

De acuerdo a esta poderosa Palabra, cuando nos acercamos en oración al Padre y clamamos en el Nombre de Jesús, vamos a Él en el Nombre de uno que es Grande, que es Poderoso, que es Digno de ser atendido, porque es el Cordero que fue inmolado. Jesús venció y derrotó al diablo en la cruz, así que todos sus enemigos están debajo de sus pies. No debemos olvidar que Jesús recibió un Nombre tan grande que, delante de Él, se doblarán todos los reinos, principados y potestades de modo que toda lengua confiese que Jesús es el Señor. ¡Aleluya!

Cuando oras en el Nombre de Jesús, estás haciendo uso de esa autoridad que Él delegó en ti para hacer todas las cosas. Este Nombre representa poder, autoridad y potestad. Así que nosotros tenemos la autorización para usarlo en toda oración y contra las huestes satánicas en la guerra espiritual que enfrentamos todos.

Notas

1. Earl D. Radmacher, Roland B. Allen, H. Wayne House, Nuevo Comentario Ilustrado de la Biblia, Grupo Nelson, 2002, p. 1111.
2. W.E. Vine, *Vine: Diccionario Expositivo de palabras del Antiguo y del Nuevo Testamento Exhaustivo*, Grupo Nelson, Nashville, TN, 1999, p. 471.
3. Earl D. Radmacher, Roland B. Allen, H. Wayne House, *Nuevo Comentario Ilustrado de la Biblia*, Grupo Nelson, 2002, p. 1279.
4. *Ibidem*, p. 1516.
5. *Ibidem*, p. 1532.
6. *Biblia Plenitud*, según nota de Juan 14:13, Editorial Caribe, Nashville, TN, 1994, p. 1368.

Epílogo

> Pelea la buena batalla de la fe, echa mano de la vida eterna, a la cual asimismo fuiste llamado, habiendo hecho la buena profesión delante de muchos testigos.
> 1 Timoteo 6:12

Comencé este libro diciendo que estamos en guerra, y lo termino de la misma manera. Debemos ser conscientes que para enfrentar esta guerra tenemos que estar asidos de la mano de nuestro Señor Jesucristo, tenemos que estar apartados de pecado y de toda forma de vida contraria a la Palabra de Dios.

Pablo le escribió a Timoteo y lo estimuló a vivir una vida de acuerdo a la Palabra de Dios. Además, lo instó a que se apartara de todo lo que pudiera contaminarlo e igualarlo a la forma de vivir de los falsos maestros que existían en esa época. Le dijo:

> Mas tú, oh hombre de Dios, huye de estas cosas, y sigue la justicia, la piedad, la fe, el amor, la paciencia, la mansedumbre. Pelea la buena batalla de la fe, echa mano de la vida eterna, a la cual asimismo fuiste llamado, habiendo hecho la buena profesión delante de muchos testigos. Te mando delante de Dios, que da vida a todas las cosas, y de Jesucristo, que dio testimonio de la buena profesión delante de Poncio Pilato, que guardes el mandamiento sin mácula ni reprensión, hasta la aparición de nuestro Señor Jesucristo, la cual a su tiempo mostrará el bienaventurado y solo Soberano, Rey de reyes, y Señor de señores, el único que tiene inmortalidad, que habita en luz inaccesible; a quien ninguno de los hombres ha visto ni puede ver, al cual sea la honra y el imperio sempiterno. Amén.
> 1 Timoteo 6:11-16

La conducta de Timoteo debía ser intachable. Su estilo de vida debía establecer un contraste con la forma de vivir de los falsos maestros. Pablo se lo deja ver en claro llamándolo: «Más tú, oh hombre de Dios». Un hombre de Dios y una mujer de Dios tienen que vivir de acuerdo a la voluntad del Señor Jesucristo. Deben vivir vidas santificadas por el Espíritu Santo mostrando con su conducta el amor y la devoción que sienten por Aquel que los llamó por su gracia.

Timoteo debía apartarse de toda avaricia, de todo lo que lo contaminara, y seguir la justicia, la piedad, la fe, el amor, la paciencia y la mansedumbre. Pablo le ordena que guarde el mandamiento de Dios sin mancha, sin mácula, ni represión hasta la venida de Cristo. Timoteo necesitaba guardar su testimonio para poder pelear la batalla de la fe.

EL LLAMADO PARA NOSOTROS HOY

Estimados hermanos, nuestro llamado es a pelear la buena batalla de la fe. Sin embargo, para pelear la batalla y enfrentar al enemigo, debemos vivir una vida de acuerdo a la Palabra de Dios. Hoy en día, como en los tiempos de Timoteo, se han levantado muchos falsos maestros que basan sus enseñanzas en doctrinas de hombres que carecen de autenticidad. Con esto tratan de separarnos de la verdad que es en Cristo Jesús. Por lo tanto, el llamado de Pablo a Timoteo se extiende hasta nosotros en la actualidad cuando se nos dice:

> Más ustedes, hombres y mujeres de Dios, apártense de lo que los contamina, y levántense y párense firmes en la Palabra de Dios.

No debemos pasar por alto que el enemigo trabaja sin cesar para traer sueño y ceguera espirituales, a fin de que no veamos las trampas que nos tienden delante para destruirnos. Tenemos que estar alertas y ver que los matrimonios están bajo ataque constante con

Epílogo

peleas, divorcios y adulterios para destruir los hogares. A los hijos los atacan en las escuelas con acosos, drogas, alcohol, pornografía, intimidación y violencia, así como con enseñanzas contrarias por completo a la Palabra de Dios. El único propósito de todo esto es destruir su fe y separarlos de Cristo. Los espíritus de división, peleas, incomprensiones, angustia, necesidades económicas, enfermedades, etc., están estremeciendo a las familias.

Por lo tanto, es necesario que despertemos del sueño espiritual, dejemos de lado la inactividad, la apatía, y corramos la carrera que tenemos por delante combatiendo por la fe al enemigo. El engaño de Satanás tiende a llevar al creyente a que piense conforme a las corrientes de este mundo. Con esta astucia, el diablo se propone que veamos todas las cosas que nos causa con nuestros sentidos naturales, por eso es que esta treta no le permite al creyente discernir que él es quien está causando estragos en su vida, familia y ministerio.

Es necesario que reaccionemos, nos levantemos y vistamos toda la armadura de Dios para eliminar cada intento del diablo por destruir nuestra vida. No podemos desmayar en la guerra que enfrentamos día a día contra el enemigo, contra ejércitos furiosos del maligno que se levantan para despedazar nuestra fe y confianza en Cristo.

Estamos en guerra, así que luchemos, peleemos y defendamos a nuestros hijos de las garras del maligno que con fuerza se levanta para confundir sus mentes con mentiras, humanismo, evolución y perversidad. Arrebatemos a nuestros hijos de las garras del diablo luchando constantemente en oración sin desmayar.

Entonces, ¿qué más debemos hacer? Los jóvenes, huyan de todo lo que los corrompa. Deben mantenerse puros al no dejar que el pecado, la fornicación y la inmundicia contaminen el templo del Espíritu que son sus cuerpos. Los casados, cuidemos el pacto que hicimos delante de Dios en el matrimonio, renovemos los votos de amor, cuidemos nuestros ojos y nuestros corazones de todo lo que pueda ofender ese pacto y que pueda romper esa unión matrimonial.

En resumen, velemos por nuestras almas, y cuidémonos de no desviarnos de la sana doctrina, parémonos firmes en esta guerra sin titubear. Levantémonos firmes recordando que tenemos el llamado a pelear la buena batalla de la fe. Por lo tanto, alcemos nuestra voz con un grito de guerra diciéndole al mundo, al diablo y a sus huestes: «¡Nosotros y nuestras familias serviremos a nuestro Señor Jesucristo!».

Mi oración es para que todos podamos decir un día como el apóstol Pablo: «He peleado la buena batalla, he acabado la carrera, he guardado la fe» (2 Timoteo 4:7). ¡Amen!

ACERCA DE LA AUTORA

Dámaris Yrion nació en un hogar cristiano en Santa Clara, Cuba. A los quince años de edad recibió a Cristo como su único Salvador y desde entonces comenzó a servir al Señor. Emigró con su familia para los Estados Unidos, donde reside en la actualidad con su esposo el Rvdo. Josué Yrion y sus hijos Kathryn y Joshua. Junto a su esposo, ha viajado y ministrado en todos los continentes del mundo y ha predicado en varias naciones. El mayor anhelo de Dámaris es el de seguir predicando la Palabra y servir a Aquel que la llamó por su gracia, a Jesucristo nuestro Salvador.

En su primer libro, *Mujer, Dios te ha llamado*, le habló de manera específica al corazón de la mujer en cuanto a su llamado de edificar su hogar fundamentado en la Palabra de Dios. Ahora, este su segundo libro, *La guerra espiritual que enfrentamos todos*, y tomando como base la enseñanza bíblica al respecto, está dirigido a cada creyente de modo que comprenda la realidad de la guerra que se libra en el campo espiritual, a fin de que se prepare con las armas infalibles que nos da Dios para hacerle frente.

Si deseas más información de los títulos de nuestros libros, DVD y CD disponibles en inglés y español, o cualquier otra información de nuestras cruzadas evangelísticas alrededor del mundo, visita nuestra página web: www.josueyrion.org, o escribe a la siguiente dirección:

**JOSUÉ YRION EVANGELISMO
Y MISIONES MUNDIALES, INC.**
P. O. Box 768
La Mirada, CA 90637-0768
U.S.A.
Teléfono: (562) 928-8892
Fax: (562)947-2268
www.damarisyrion.org
www.josueyrion.org
damarisyrion@damarisyrion.org
josueyrion@josueyrion.org

www.ingramcontent.com/pod-product-compliance
Lightning Source LLC
Chambersburg PA
CBHW071655090426
42738CB00009B/1535